《新能源汽车维修工入门全程图解》
（配视频版）
编写人员

主　　编　周晓飞

编写人员　周晓飞　　万建才　　宋东兴

　　　　　赵　朋　　赵小斌　　李新亮

　　　　　边先锋　　刘振友　　彭　飞

　　　　　李飞霞　　王立飞　　温　云

　　　　　梁志全　　董小龙　　李飞云

　　　　　张建军

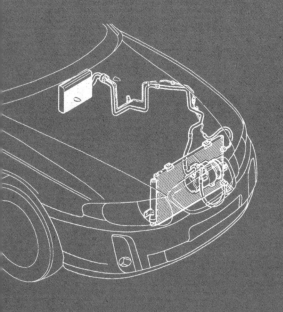

前言
FOREWORD

　　曾经发生过这样一个真实的故事：汽配城一个小修理店有一个学徒工。一天，他的舅舅，也就是店老板，给他买了3本汽修的书，其中2本是我主编的，学徒工不认识我，但店老板熟悉。后来，我了解到，这个学徒工很勤恳，也很好学。再后来，我发现这个踏实的学徒工不见了。老板告诉我："他看了你编的书，有些内容看不懂，为此，家里给找了个汽修学校上学去了。没有基础，看书学习都费劲，学不扎实。"

　　听完店老板的话，我的心情很沉重。当时我就想，应该专门给初入门学习汽修者提供更合适的学习书籍，从零开始，从最基础的操作开始，这样才有利于他们的成长。

　　作为一名比较老练的汽修工，我有责任将自己的经验和技能传授给初学者，所以，第一次试着专门针对从零开始学习的维修工，编写了这本《新能源汽车维修工入门全程图解》，希望他们能从中受益。

　　因为笔者能力有限，书中或许还有不妥的地方，恳请广大读者批评指正！

目 录
CONTENTS

第一章
走进车间

视频精讲

第二章
初步的入门维修

第六章
故障的入门排除

视频精讲

第七章
新能源汽车维修工必备的入门知识

扫码观看

本章视频精讲

《《第一章》》

走进车间

本章视频

第一节
了解新能源汽车维修设备

 一、安全防护装备

最新《中华人民共和国职业分类大典》汽车维修工职业中，增设了新工种——"新能源汽车维修工"。新能源汽车维修，不仅在维修技术上要求过硬，因为要涉及高压电作业，所以在操作安全上也有很高的规范要求。

依据《电动汽车安全要求》（GB 18384—2020），当直流电压高于 60V 或者交流电压高于 30V 时，这个电压对人体是有危险的。按要求，维修新能源汽车高压电时必须穿戴防护装备，包括绝缘胶鞋、防护眼镜、绝缘手套、头盔、绝缘防护服。从实际维修情况来看，绝缘手套是利用率最高的。

安全无小事，安全绝缘护具，是必须穿戴的，保护措施要做好，以防止意外触电事故。

维修图解

如图 1.1-1 所示的标签为高压警告标识。

有高压警告文字说明的，一定要遵循警告说明，高压断电后方可进行维修操作。

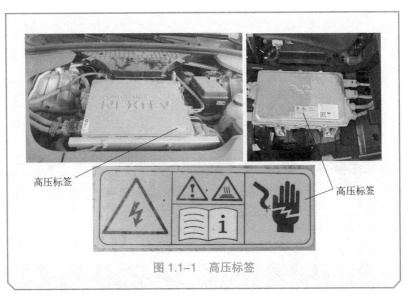

图 1.1-1 高压标签

选择的绝缘手套应符合国家标准《带电作业用绝缘手套》（GB 17622—2008）；绝缘防护鞋应符合国家标准《足部防护 安全鞋》（GB 21148—2020）；防护眼镜用于防护有刺激或腐蚀性的溶液对眼睛造成的损伤，尤其维修动力电池时需要戴好防护眼镜。

维修图解

如图 1.1-2 所示，检查和操作高电压部件时，应戴绝缘手套。其绝缘性能应在 1000V/300A 以上。

必须完全清除绝缘手套内的湿气，并检查其密封良好才可以使用。

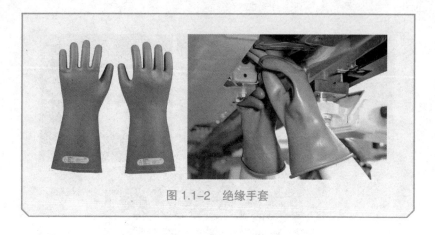

图 1.1-2　绝缘手套

 二、维修车间设置

1 高压操作监护制度

在有可能碰触到高压带电部分的情况下，需实行监护制度。一名维修工操作，另需要一名维修工监护，以确保作业现场安全。禁止两人或两人以上同时操作，其他人员禁止触碰操作人员。

高压电维修属于特种作业，新能源汽车维修工应考取应急管理局颁发的特种作业操作证中的"低压电工证"。

2 工位场地要求

新能源汽车维修工位与传统燃油汽车维修工位最大的区别还是高压电的安全设置上。

维修图解

　　如图 1.1-3 所示，维修新能源汽车，要求工位地面须绝缘良好，如有条件，应铺设一层绝缘橡胶垫；工作场地需设置警示牌和高压作业区域隔离，禁止无关人员进入或靠近；工作场地需配备灭火器等紧急救援和灾害处理的相关设施。

图 1.1-3　维修车间工位

3 动力电池维修工位

维修图解

　　如图 1.1-4 所示，对于动力电池，需要专门的维修间或者工位，还需要配备专业维修设备。

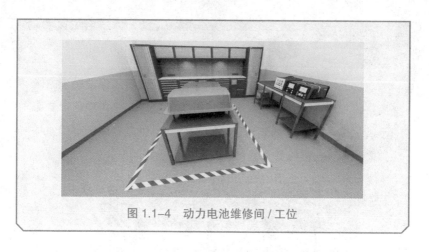

图 1.1-4　动力电池维修间 / 工位

三、维修常用的绝缘工具

通常使用的新能源汽修工具与普通工具的使用完全一致，这里不再赘述，最大区别还是在于安全绝缘。新能源汽修工具最外部有一层绝缘层，其绝缘耐电压为 10000V。常用绝缘工具套装见图 1.1-5。

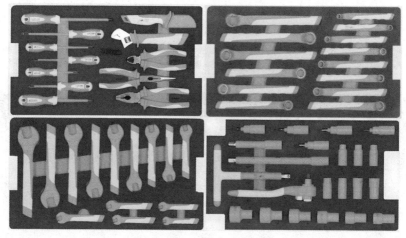

图 1.1-5　常用绝缘工具套装

维修图解

如图 1.1-6 所示，以套筒和棘轮扳手为例，其外部的材料是绝缘层。

在高压电作业范围，务必使用绝缘工具。

使用前必须检查绝缘工具，保证其无破损、破洞和裂纹，内外表面清洁、干燥，不能带水进行操作，确保安全。

图 1.1-6 套筒和棘轮扳手

 **四、兆欧表**

1 简介

兆欧表也叫绝缘电阻测试仪，是维修新能源汽车时常用并且重要的工具。

新能源汽车高压电与车身是完全绝缘的，兆欧表用于检测高压部件与车身之间的绝缘性能，也就是用来检测车辆是否漏电。

维修图解

　　图 1.1-7 所示的是新能源汽车维修中，使用比较广泛的福禄克 1508 兆欧表，这款兆欧表简单好用，价格适中，其主要功能就是测绝缘电阻。

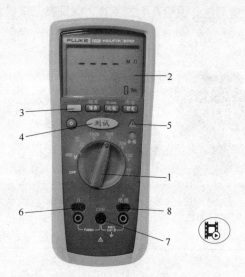

图 1.1-7　福禄克 1508 兆欧表

　　1—旋转开关；2—显示屏；3—该蓝色按键用来选择其他测量功能挡；4—绝缘测试按键；5—危险电压警告；6—电阻测量的输入端子；7—公共端子；8—用于电压或绝缘测试的输入端子

维修图解

　　图 1.1-8 所示的是福禄克 1587 兆欧表。

按下时将使显示值保持不变。再次按下将释放显示值。当读数改变时，显示屏会自动更新，仪表发出蜂鸣声

在绝缘测试模式下，当下一次按下仪表或远程探头上的TEST时，该按钮将预设一个测试锁。测试锁可以将按钮保持在按下状态，直到再次按下HOLD或TEST进行解锁在MIN MAX AVG或Hz模式中，此按钮属于"显示保持"按钮

配置测试仪以便用于极化指数(PI)或介质吸收比测试(DAR)按下该按钮可配置PI模式，再次按下可配置DAR模式按下TEST时开始测试

按下该按钮将保留最大值、最小值和平均值。连续按下可显示最大值、最小值、平均值和当前值。按住该按钮将取消MIN MAX AV功能

当旋转开关位于"绝缘"挡位时将对绝缘测试进行初始化。将使仪表获取(输出)高压，并测量绝缘电阻

打开或关闭背光灯。背光灯会在2min后熄灭

温度范围：−40～537℃。关闭仪表后，所选择的温度测量参数值会保留在内存中

直流电压(DC mV)：0.1～600mV

直流电压：1mV～1000V

交流电压，带有800 Hz VFD低通滤波器

交流电压：30.0mV～1000 V

OFF：开关，已断电

用于绝缘测试的"+"输入端子

将量程模式从自动(默认)改为手动。在某一功能的可用量程之间切换。按住该按钮将返回自动量程模式

在"绝缘测试"模式中用于切换可用电源电压

激活频率测量功能

切换摄氏度和华氏度

蓝色按钮可作为Shift键使用。按下该按钮将访问旋转开关上的蓝色功能

①打开无线电并将本产品设置到模块模式。))打开无线电时，显示屏将显示

②与智能设备上的Fluke Connect应用程序一起使用时，请将测量值保存至Fluke Connect应用程序

③按住该按钮2s以上可关闭无线电并退出模块模式

用于绝缘测试的电压源

欧姆挡：0.1Ω～50MΩ

电容：1nF～9999μF

通断性测试：蜂鸣器在＜25Ω时打开，在＞100Ω时关闭

二极管测试:此功能无量程。超过6.600V将显示OL

AC mA(交流电流)：3.00～400mA；DC mA(直流电流)：0.01～400mA(600 mA过载最长达2min)

欧姆：0.01MΩ～2GΩ。关闭仪表时，最后选择的输出电压设置会保留在内存中

使用以下电源执行绝缘测试:50V、100V、250V、500V(默认)和1000V电源

电压、通断性、电阻、二极管、电容、电压频率和温度测量的输入端子

用于绝缘测试的"−"输入端子。 用于测量400mA以内的交流和直流电以及电流频率

用于绝缘测试以外的所有测量的公共(返回)端子

图 1.1−8 福禄克 1587 兆欧表

2 兆欧表的使用

测试高压绝缘电阻时，兆欧表本身也会产生高电压，使用时应戴

绝缘手套，要严格执行操作规范，在车辆下电的情况下对高压系统执行绝缘测试。

维修图解

如图 1.1-9 所示的是用福禄克 1508 兆欧表测量绝缘电阻。

① 黑表笔插入 COM 端子，红表笔插入绝缘测试插孔 V。

② 绝缘测试电压挡旋转调至需要测试的电压量程。

电压量程取决于新能源汽车工作电压，常用 500V 或 1000V 挡位。

③ 黑表笔探头接车身搭铁，红表笔探头接高压端子的正极或负极。

④ 按住绝缘表上的"测试"按钮或红表笔上的"TSET"按钮，此时的数显值即为绝缘值。

⑤ 将兆欧表的探头留在测试点上面，释放"测试"按钮，被测电路即开始通过仪表放电，直到显示屏显示的电压为零，测试结束。

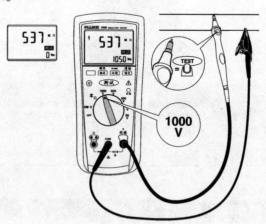

图 1.1-9 兆欧表的使用示意（一）

维修图解

如图 1.1-10 所示，是用福禄克 1587 兆欧表测量绝缘电阻。

这款兆欧表测量绝缘电阻，与上述 1508 兆欧表的方法基本相同。不同之处是这款兆欧表的探头插入的是"＋"和"－"输入端子。

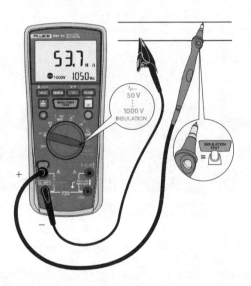

图 1.1-10　兆欧表的使用示意（二）

3 绝缘阻值

新能源汽车的高压绝缘监测系统，如果监测到高压系统与车身之间出现低于设计的绝缘值，则会出现绝缘故障报警或报警并高压下电。

维修图解

　　绝缘值应为多少兆欧才是正常呢？理论上的最低标准为每伏 500 欧姆（500Ω/V），其实这个标准远远小于厂家设计的绝缘电阻。

　　如图 1.1-11 和图 1.1-12 所示的是比亚迪电动压缩机和充电机绝缘电阻检测数值结果。

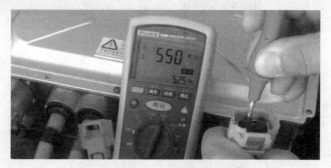

图 1.1-11　比亚迪电动压缩机绝缘电阻检测数值（正常）

(a) 有故障　　　　　　　　(b) 正常

图 1.1-12　比亚迪充电机绝缘电阻检测数值

维修图解

如图 1.1-13 所示，车辆铭牌上的额定电压为 355.2V，那么根据 500Ω/V 计算车辆最低的绝缘阻值，可得：355.2V×500Ω/V=177600Ω，即大约 0.18MΩ，这个就是最低的绝缘阻值，如果低于 0.18MΩ，那么车辆就无法上电。

图 1.1-13 车辆铭牌

4 机械式兆欧表

机械式兆欧表就是通常说的摇表，这种表使用非常简单，测试结果也很直观，所以现在很多维修工依然在用这种表。它一般有 100V、250V、500V、1000V、2500V 等几种型号。新能源汽车维修最常用到的是 500V 或 1000V。

（1）使用摇表前要对其进行归零和电阻测试

如图 1.1-14 所示的是某 500V 量程的摇表。

① 归零测试　摇表的两个表笔的探头（或鳄鱼夹）相连接，然后大概转动摇柄 1/4 圈，此时，指针应停留在 0 刻度。

② 电阻测试　摇表两个表笔的探头（或鳄鱼夹）分开，然后以每秒 2 圈的频率，大概转动摇柄 1min，此时，指针应摆动到 ∞ 刻度位置。

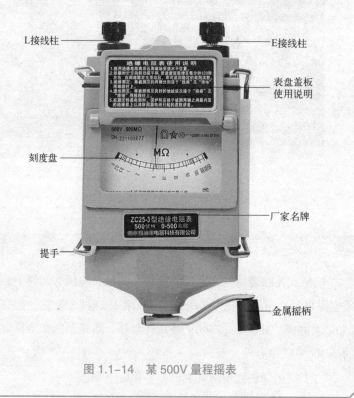

图 1.1-14　某 500V 量程摇表

（2）使用摇表对高压部件进行绝缘电阻检测

维修图解

如图 1.1-15 所示，摇表的探头（鳄鱼夹）一端接电机外壳搭铁，另一端接电机接线端子，然后以每秒 2 圈的频率转动摇柄 1min，观察指针所在的刻度位置就是电机的绝缘电阻值。

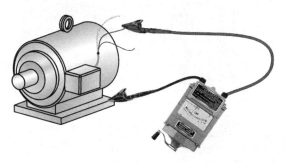

图 1.1-15　检测高压部件绝缘电阻

五、电池内阻测试仪

电池内阻测试仪可以检测电池的内阻和电压，以此，对电池的性能进行评估。

电池内阻是指电池在工作时，电流流过电池内部所受到的阻力。电池的性能与电池内阻存在密切的关系，一般而言，电池的容量越大，内阻就越小，内阻越小的电池，在大电流放电时产生的热量就越少，性能就越良好。

1 手持电池内阻测试仪

维修图解

如图1.1-16和图1.1-17所示为两种手持电池内阻测试仪，使用操作简单，可连接计算机输出或打印检测报告。

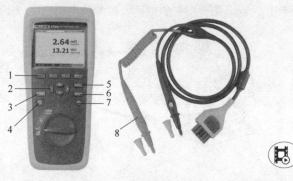

图 1.1-16　手持电池内阻测试仪（一）

1—显示屏上的功能键可灵活地完成各种功能；2—从菜单中选择一个项目，滚动了解相关信息；3—冻结显示屏上的当前读数，使显示读数得以保存；4—开启和关闭；5—在手动量程和自动量程之间切换；6—打开"设置"菜单以进行配置，例如对比度、语言、日期／时间、断电时间等；7—开启或关闭背光灯；8—测试线

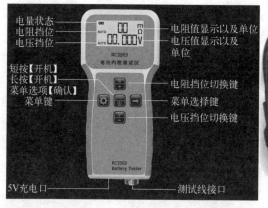

电量状态　电阻挡位　电压挡位　电阻值显示以及单位　电压值显示以及单位　短按【开机】　长按【开机】　菜单选项【确认】　菜单键　电阻挡位切换键　菜单选择键　电压挡位切换键　5V充电口　测试线接口

图 1.1-17　手持电池内阻测试仪（二）

2 手持电池内阻测试仪的使用

如图 1.1-18 所示，将旋钮开关拨到"mΩ"位置，红色探头连接被测电池正极，黑色探头连接电池负极，测试电池的内部电阻，同时也测得了电压值。新能源汽车用锂离子电池内阻非常小，一般在几毫欧级。

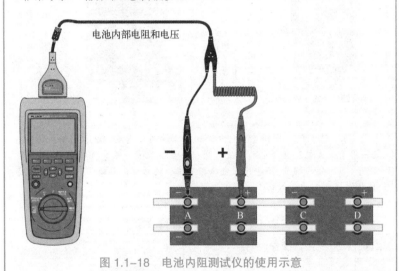

电池内部电阻和电压

图 1.1-18　电池内阻测试仪的使用示意

六、数字式万用表

数字式万用表（图 1.1-19）主要用于电流、电压、电阻的测量，导线的通断性测量等（表 1.1-1）。数字式万用表工作可靠，可以直接显示测量数据，是汽修中最常用的工具之一。

维修图解

如图1.1-19所示的是自动量程和手动量程的两款数字万用表。

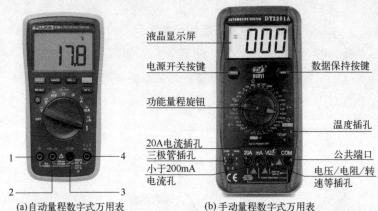

液晶显示屏
电源开关按键　　　　数据保持按键
功能量程旋钮
　　　　　　　　温度插孔
20A电流插孔
三极管插孔　　　　公共端口
小于200mA　　　　电压/电阻/转
电流孔　　　　速等插孔

(a)自动量程数字式万用表　　(b)手动量程数字式万用表

图1.1-19　数字式万用表

1—用于交流电和直流电电流测量（最高可测量10A）的输入端子；2—用于交流电和直流电的微安及毫安测量（最高可测量400mA）的输入端子；3—公共端子；4—用于电压、电阻、通断性、二极管、电容、占空比和温度测量的输入端子

表1.1-1　数字式万用表的使用

项目	操作说明		图示
测量电路中的电阻	测量前需先了解所检修的电路导线或部件的电阻规范值是多少，才能正确判断电路导线或部件的好坏	①将万用表的转动开关拨至欧姆挡"Ω"②分别将万用表的两个探头连接到要进行测试的电路导线或元件的两端	56.3))) <70 Ω

续表

项目	操作说明		图示
测量电路中的直流电压	使用万用表测量电路导线的电压值，测量前需先找到一个已知且接地良好的接地点	①将万用表的转动开关拨至电压挡"V" ②将万用表负极探头连接在一个已知且接地良好的接地点 ③将万用表正极探头连接到选定的测试点上	
测量电路中的直流电流	检查电流时不可拆下负载，否则会造成熔丝的烧毁、检测仪器的损坏、线路的损坏或是人员的受伤	①将万用表的转动开关拨至电流挡"A" ②如果使用前不知道被测量电流范围，可将量程置于最大值并逐渐下降 ③将万用表的两个探头分别连接到同一电路导线上，或拆开的元件或接头的两端	

七、气密测试设备

1 气密测试设备（压力）（一）

气密测试设备（压力）（图 1.1-20）用于检测动力电池包、驱动电机的密封性。使用设备进行水道气密测试前，应确保被测工件水道内的液体被排空，以免气密测试过程中，液体回流至测试设备，造成设备损坏。

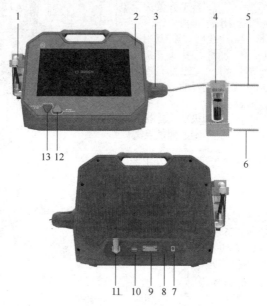

图 1.1–20 气密测试设备（压力）（一）

1—油水分离器（设备进气侧）；2—设备主体；3—磁吸接头；4—油水分离器（设备出气侧，使用时务必按箭头向下方向摆放）；5—出气管（接被测工件）；6—油水分离器排水管；7—电源插座接口（24V 直流电源)；8—Micro USB 接口（备用接口）；9—RS232 通信接口 1（备用接口）；10—USB 接口（数据交换、系统升级等，使用 FAT32U 盘）；11—进气口（外接气源）；12—开始按键 / 开机按键 /PASS 指示灯；13—停止按键 / 关机按键 /FAIL 指示灯

设备具备简单的油水分离器，串联至测试出气管上，对于少量的水雾具备过滤作用，以防止液气回流损坏设备。在进行水道气密测试过程时，应关注油水分离器的状态，如果有过量液体进入油水分离器，应立即切断管路，并对管路进行及时的干燥处理。

使用设备进行水道气密测试时，应确保设备出气侧的油水分离器按箭头所示方向进行摆放。气密测试的过程中，尤其是排气进程阶段，应确保油水分离器摆放稳固，不发生倾倒。

为保障测量精度，设备在每次上电启动时，都会进行一次自动校准。校准过程中，需要检测口与大气相通，因此，设备开机之前，务必将磁吸接头取下，才能保障开机过程中校准的顺利进行。等设备开机校准结束，正常进入设备主界面之后，方可连接磁吸接头。

设备采用高压低压区分通道，其中低压为 $0 \sim 10kPa$，高压为 $10 \sim 500kPa$。若需要增加自定义测试程序，须根据充气压力，选择对应的高压或低压测试通道。

进行每次气密测试前，建议在设备出气管不接入被测工件的情况下，进行一个测试空循环，以判定输出气源正常，无水汽或其他异常存在。

2 气密测试设备（压力）（二）

设备采用高压和低压区分通道，其中低压为 $0 \sim 10kPa$，高压为 $10 \sim 500kPa$。如果需要增加自定义测试程序，须根据充气压力，选择对应的高压或低压测试通道。测试过程中，气管连接至对应的高压或低压测试通道。

维修图解

如图 1.1-21 所示，根据设备后部的接口标识，连接输入电源、输入气源及测试气管。输入气源接口压力是 0.6 ~ 0.8MPa，要求输入气源相对湿度在 50% 以下，无结露现象，气源含尘粒径不应该大于 3pm，含尘量小于 1mg/m²，气源油含量应小于 1×10^{-6}。

图 1.1-21　气密测试设备（压力）（二）

1—输入电源（AC 100～240V，50Hz）；2—输入气源；3—高压测试输出气源接头（10～500kPa，精度 1Pa）；4—低压测试输出气源接头（0～10kPa，精度 1Pa）

八、探针工具

探针工具（图 1.1-22）是用来维修新能源智能网联汽车低压线束插接器的，下面对使用探针维修插接器中的几个重点问题进行梳理，探针的使用见表 1.1-2。

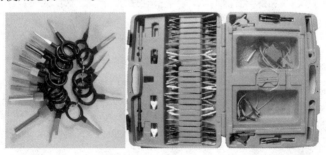

图 1.1-22　探针工具

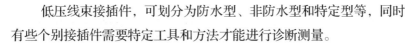

低压线束接插件，可划分为防水型、非防水型和特定型等，同时有些个别接插件需要特定工具和方法才能进行诊断测量。

（1）防水型

从接插件尾端观察入线端，可以明显看见线路在接插件孔位里有防水塞或防水胶套的接插件（一般用于与外界接触的地方，如前舱、车底、保险杠等）。

（2）非防水型

从接插件尾端观察入线端，可以明显看见线路针脚的金属或无防水塞或防水胶套的接插件（一般用于密闭空间中，如车客舱、后备厢、顶棚等）。

（3）特定型

CGW、ADC、CDC 的接插件端口，LVDS 视频线端口，网线端口，同轴线缆端口等，对于大多数接插件，可利用通用工具探针工具进行测量。

表 1.1-2　使用探针维修插接器

类型	说明	图示
—	测量插接器端子时，倾斜、旋转、晃动都会造成针脚镀层的磨损，甚至造成公端针脚或测量工具的弯折损坏	禁止倾斜　　禁止旋转　　禁止晃动

续表

类型	说明	图示
对于一般非防水型接插件	进行导通检测时，将接插件断开，选择合适的探针，图示为母端接口，选用公端探针	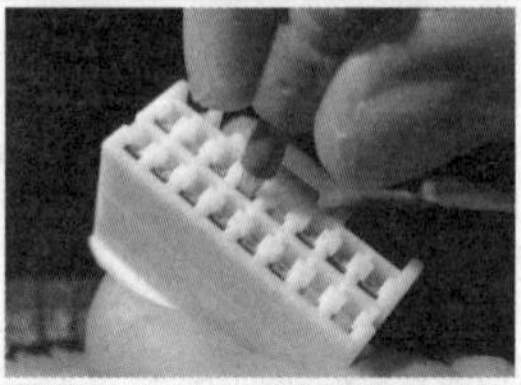
	进行带电检测时，选择合适的探针，从接插件尾端插入至接触到针脚金属（如果操作不便，可先断开接插件进行探针插入，再将接插件链接）	
对于防水型接插件	进行导通检测时，将接插件断开，选择合适的探针，图示为公端接口，选用母端探针	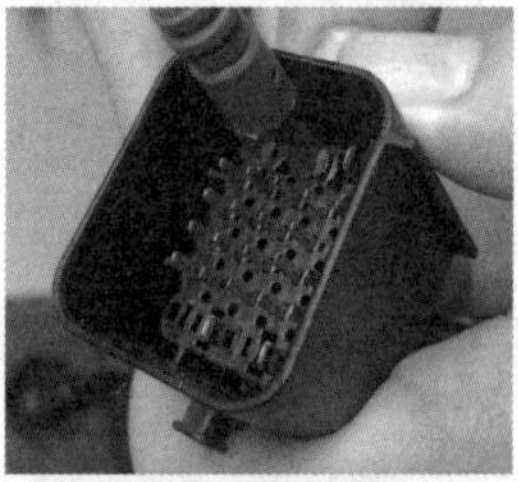
	进行带电检测时，选择工具中的针型检测针，从防水圈处贴着线壁沿着线路走向扎入，至底部	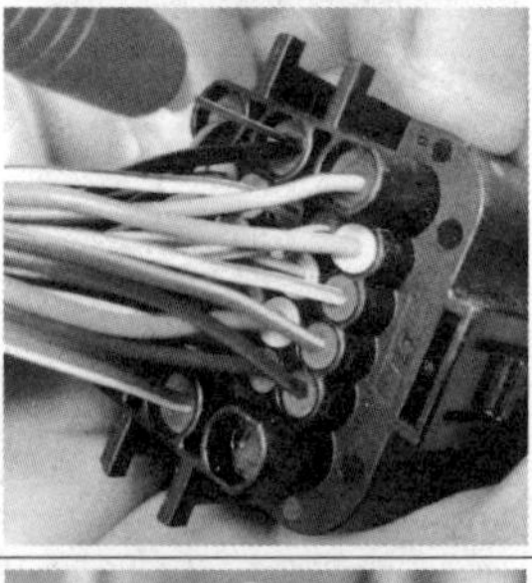
对于特定类型	线束中与 ADC、CDC 和 CGW 连接的接插件，针口非常小，通用工具并不能满足检测需要，必须使用 0.4mm 金属针进行转接检测	

续表

类型	说明	图示
对于特定类型	将转接针插入接插件，利用通用工具中的鳄鱼夹夹住金属针后，再进行测量读取。使用夹具时，因为金属针太细，为了避免虚接，尽量将针夹在夹具头部	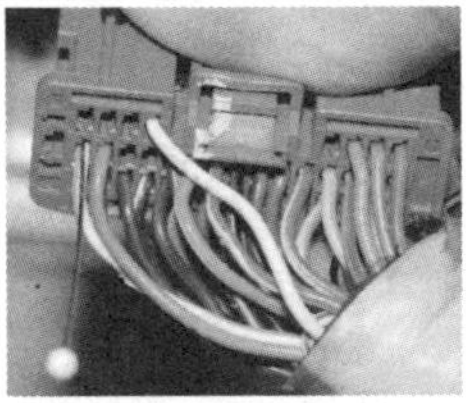  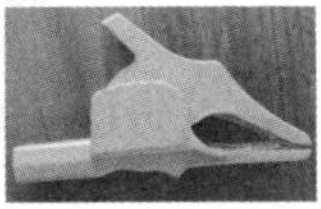
	对于 LVDS 和同轴线缆，只可测试线路导通性，右图为 LVDS 和同轴线缆的母端，必须使用 0.5mm 金属针进行转接探测	 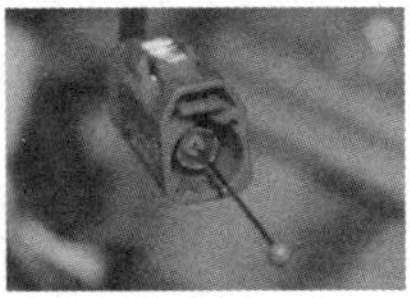
	对于 LVDS 公端，可自制一个小工具进行探测，如右图所示，从报废线路上剪下一个母端并预留些许线缆	
	将母端上覆盖物清除，并将线缆漏出，分散开	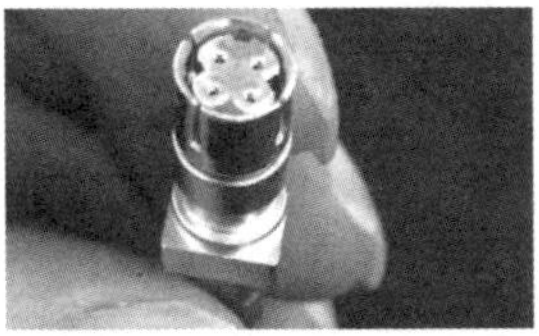
	然后将制作好的母端插入要测量的公端上，即可用测试设备测量	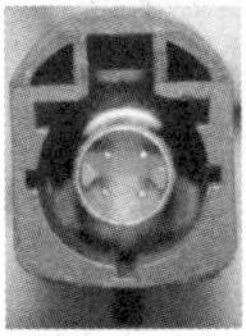  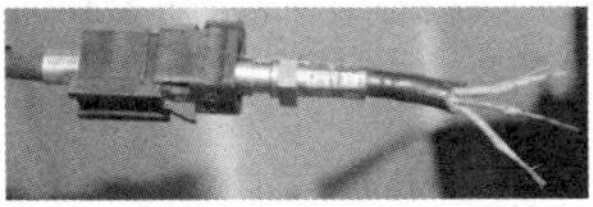

续表

类型	说明	图示
对于特定类型	对于连接 CGW 的天线接口，必须用 0.4mm 转接针转接后进行测量，同样此接口只能测量线路导通性	
	对于网线接口，目前禁止进行测量	

第二节
认识新能源汽车零部件

 一、新能源汽车组成

新能源汽车主要是指电动汽车，包括纯电动汽车（BEV）、混合动力汽车（HEV）和燃料电池电动汽车（FCEV），前两者为目前乘用车市场的主流。

1 纯电动汽车

纯电动汽车的结构与燃油汽车相比简单很多，主要增加了电力驱动控制系统，取消了发动机及燃油控制系统。当汽车行驶时，由电池输出电能通过控制器驱动电机运转，电机输出的转矩经传动系统带动车轮前进或后退，电动机的动力输出大小由电子控制器来调节。

（1）电动汽车组成及与燃油车主要区别（表 1.2-1）

表 1.2–1 电动汽车组成及与燃油车主要区别

组成系统 / 总成		与传统燃油车区别	说明	图示
供给系统		动力电池	动力电池安装在车身底板上，供给车辆高压电	
电驱系统	动力系统	电机驱动	电动机取代了发动机，相比内燃机能量损耗小，起步时转矩较大。电动机的动力输出大小由电子控制器来调节	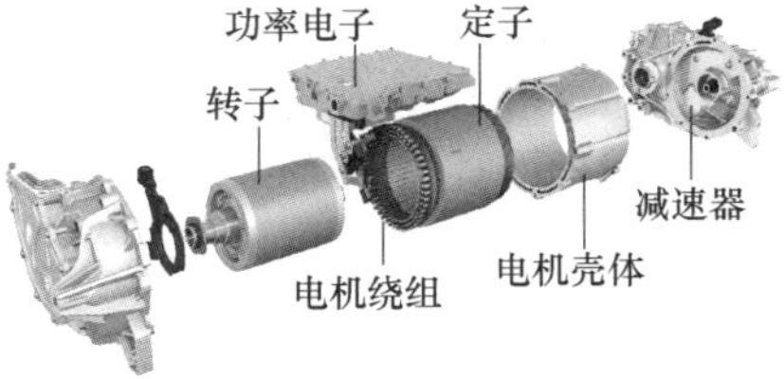
	齿轮传动系统	减速器	纯电动汽车通常是没有变速器的，取而代之的是减速器，电动机的转速变化通过电子控制器来调节，然后通过减速器和差速器直接传递到前轴或后轴上来驱动车轮	
车身电器		电动空调压缩机	传统空调系统是发动机驱动空调压缩机，而电动汽车使用的是高压电动空调压缩机。电动汽车采暖则使用高压电加热器（PTC）	

续表

组成系统/总成	与传统燃油车区别	说明	图示
冷却系统	水冷、油冷、冷媒冷却	驱动电机、动力电池等需要冷却。不同车型有不同的冷却方式	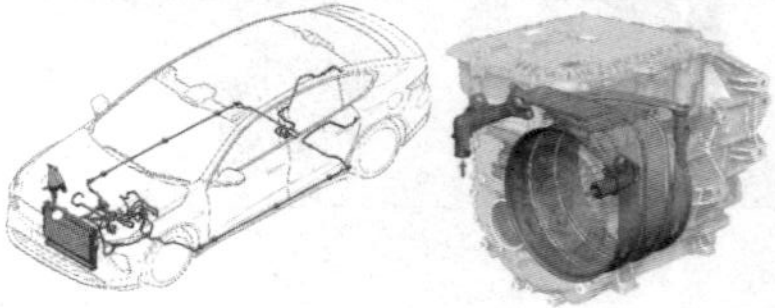
空调系统	热泵空调和普通空调	热泵空调是一种高效节能的空调系统，它利用热泵技术实现制热或制冷功能 热泵空调的核心部件是压缩机和冷凝器，通过吸收或排出空气中的热量来控制室内温度	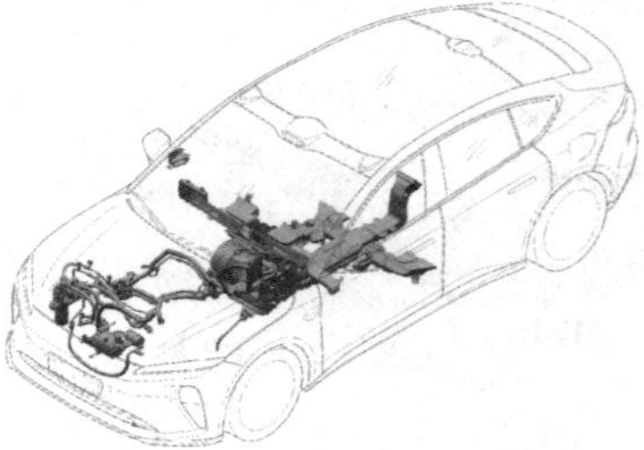
制动系统	电动真空泵	因为传统燃油汽车可以利用发动机的真空力量作为制动助力，所以纯电动汽车要想找到制动助力的替代方案，最常用的办法就是装备一个电动真空泵，专门向真空罐动助力器补充真空	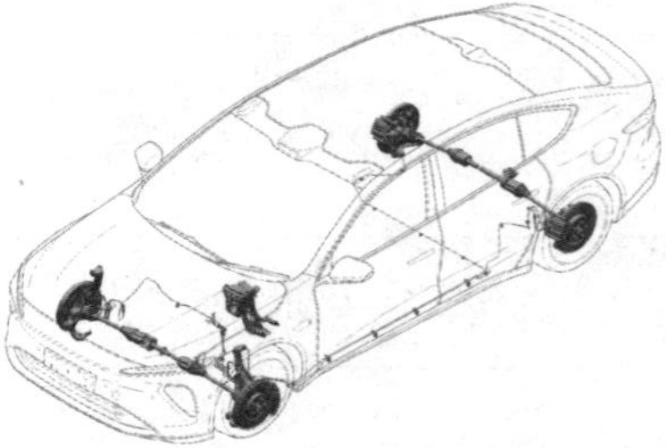

续表

组成系统 / 总成	与传统燃油车区别	说明	图示
行驶系统	相同	悬挂、车桥和车轮等与传统燃油汽车一样	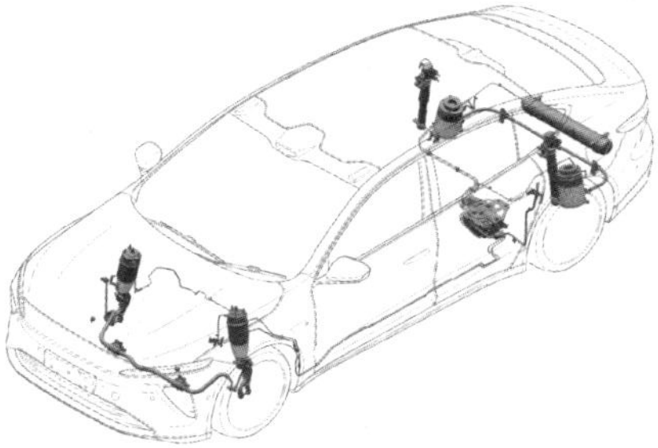
转向系统	相同	电动助力转向系统	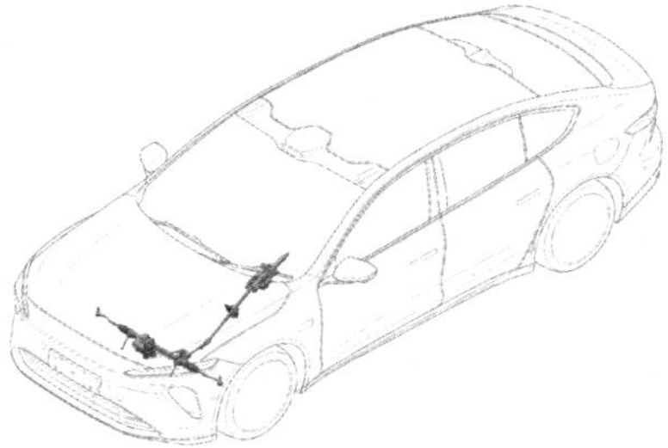

（2）纯电动汽车核心部件

维修图解

　　纯电动汽车由动力电池提供动力，电动化的核心由电动机、控制器和动力电池三大电气系统组成，具体的高压部件如图1.2-1所示。

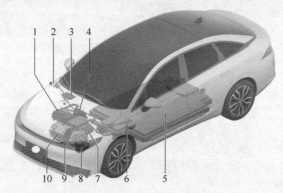

图1.2-1　纯电动汽车高压部件

1—驱动电机控制器；2—交流充电口；3—整车控制器；4—高压配电箱；5—动力电池；6—直流充电口；7—PTC加热器；8—空调压缩机；9—充电机／直流转换器；10—驱动电机

2 混合动力汽车

　　插电式混合动力汽车（图1.2-2），简单说就是介于电动汽车与燃油汽车两者之间的一种车，既有传统汽车的发动机、变速器、燃油箱，也有电动汽车的动力电池、电机和控制器。其主要特点是动力电池容量大，有外插充电接口，可以使用充电桩为动力电池充电，在滑行或者制动时，也可对车辆制动能量进行回收，补充动力电池电量，提高能量利用率。

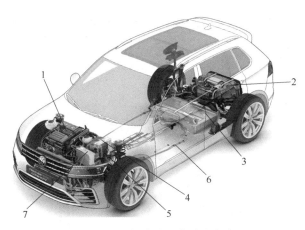

图 1.2-2　插电式混合动力汽车

1—发动机；2—燃油箱；3—动力电池；4—电机控制器；5—驱动电机 + 减速器；6—高压电缆；7—车载充电机

维修图解

　　位于混合动力汽车发动机和变速器之间的"盘形"电机（图 1.2-3）代替变矩器，用电驱动或机械驱动来驱动变速器。

图 1.2-3　"盘形"电机

1—三相接线端；2—端盖；3—分离离合器；4—定子绕组；5—定子；6—转子；7—端盖

比亚迪 DM-i 混动系统的核心电机和变速器系统，见图 1.2-4。

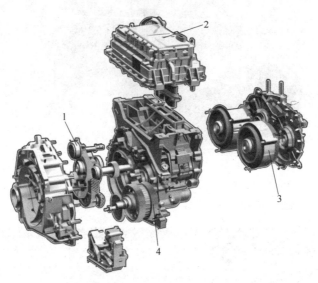

图 1.2-4　比亚迪 DM-i 混动系统的核心电机和变速器系统
1—单挡减速器；2—双电机控制器；3—双电机；4—直驱离合器

 二、电驱总成

1 电驱系统结构组成

电驱系统（EDS）负责车辆的动力输出，能够将高压电池包的直流能量用可控的方式转化为机械转矩，传递给车轮以驱动车辆。另外，还可以在车辆制动状态下，回收制动能量向高压电池包充电，以及实现反转倒车等功能。

维修图解

如图 1.2-5 和图 1.2-6 所示，电驱系统由驱动电机、减速器（齿轮箱）和电机控制器组成。电机控制器（逆变器）通过螺栓与齿轮箱连接，齿轮箱通过螺栓与驱动电机连接。电机和电机控制器需要从车辆热管理系统获取冷却液进行散热，电机控制器和电机在冷却回路上串联，冷却液先通过逆变器，然后通过电机。

图 1.2-5　电驱总成剖视图
1—驱动电机；2—减速器；3—电机控制器

图 1.2-6　电驱总成
1，2—螺栓；3—电机控制器；4—驱动电机；5—减速器；6—高压线

2 电驱系统安装位置

维修图解

　　如果是四轮驱动车辆，则配备两套电驱系统，前电驱系统安装在前副车架上，后电驱系统安装在后副车架上。电驱系统安装位置见图 1.2-7。

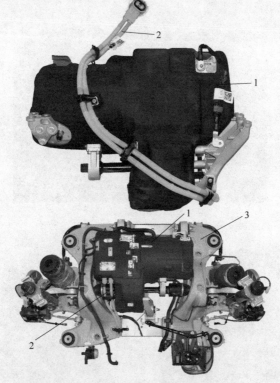

图 1.2-7　电驱系统安装位置
　　1—电驱总成（驱动电机＋电机控制器＋减速器，外部包裹隔音材料）；2—高压线束；3—副车架

3 认识电驱系统拆解零部件

（1）可独立更换的零部件总成

电驱系统的三部分是可分体更换的，电驱系统分解见图1.2-8和图1.2-9。

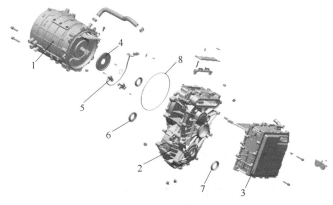

图1.2-8 电驱系统分解（一）

1—驱动电机；2—减速器；3—电机控制器；4—传感器信号盘；5—传感器；6—油封；7—差速器油封；8—密封圈

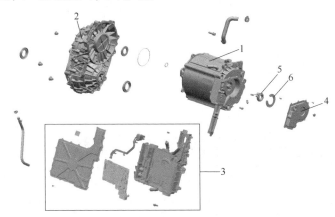

图1.2-9 电驱系统分解（二）

1—驱动电机；2—减速器；3—电机控制器；4—端盖；5—旋变定子；6—旋变定子压板

（2）不可独立更换零部件组成

 维修图解

　　如图 1.2-10 所示，某款车型为前后电驱系统，分别为 150kW 和 210kW 电机，采用三合一的中间壳体设计，电机控制器（逆变器）、驱动电机和齿轮箱（减速器）均安装在三合一中间壳体上，无法单独更换电机控制器总成、驱动电机总成和齿轮总成，需开盖才可维修。

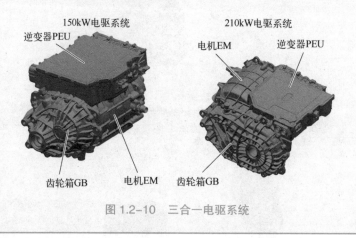

图 1.2-10　三合一电驱系统

 三、驱动电机

1 认识驱动电机拆解零部件（三合一）

　　驱动电机主要组成部件有定子、转子、旋变定子、旋变转子。

维修图解

如图 1.2-11 所示的是三合一整体壳体的驱动电机，其定子壳体与"三合一"壳体为一体的总成。

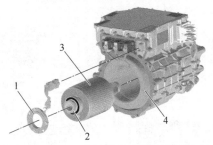

图 1.2-11 三合一整体壳体的驱动电机

1—旋变定子；2—旋变转子；3—电机转子；4—电机定子

2 认识驱动电机拆解零部件（独立电机）

如图 1.2-12 所示是新能源汽车蔚来的驱动电机，这款电机的特点是双三相铜排，两两一组出线。

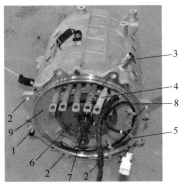

图 1.2-12 新能源汽车蔚来的驱动电机

1—定位销；2—螺栓孔；3—电机进水管口；4—双三相铜排；5—传感器线；6—转速信号盘；7—电机转子轴；8—O 形圈；9—前端盖

维修图解

如图 1.2-13 所示，是独立的驱动电机拆解零部件，其定子壳体总成是独立的。

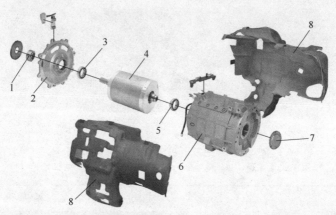

图 1.2-13　驱动电机拆解零部件（独立的驱动电机）
1—旋变固定套；2—前端盖；3,5—轴承；4—转子；6—定子壳体总成；7—后盖板；8—隔音垫

 四、电机控制器

1 认识电机控制器零部件（三合一）

电机控制器主要零部件见图 1.2-14。

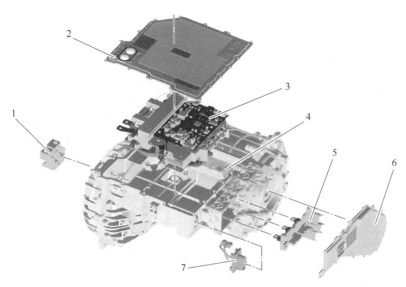

图 1.2-14 电机控制器主要零部件（三合一电驱总成）

1—高压连接器底座；2—上盖板；3—功率模块（IGBT）；4—低压连接器；5—AC 铜排；6—后端盖板；7—低压连接器 PEU 到 EM（电机控制器到电机）

　　电机控制器集成安装在电驱系统三合一中间壳体的一侧，形成一个单独的腔体，在拆装或更换腔体内零件之后，为确保防护等级和气密性能，须进行逆变器的气密测试。

　　电机控制器上有高压插头，分别接入高压正极和高压负极。电机控制器和驱动电机之间通过 3 根交流母排进行高压电气连接，交流母排通过螺栓安装在电机和逆变器中间的壳体上。

维修图解

　　如图 1.2-15 所示为电机控制器内部拆解零部件。其核心零件包含控制板、功率模块、滤波电容等。

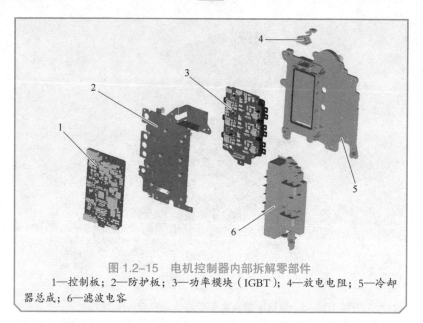

图 1.2-15　电机控制器内部拆解零部件

1—控制板；2—防护板；3—功率模块（IGBT）；4—放电电阻；5—冷却器总成；6—滤波电容

2 认识电机控制器零部件（独立的电机控制器）

独立的电机控制器与上述集成在电驱系统三合一总成壳体内的控制器本质没有什么区别，只是在壳体外观结构上的不同，它是独立于电机和减速器的（图 1.2-16 和图 1.2-17）。

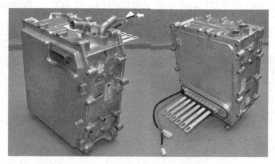

图 1.2-16　独立的电机控制器（一）

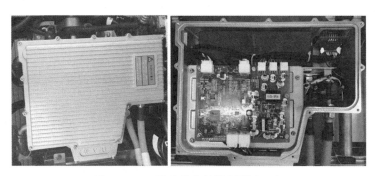

图 1.2-17 独立的电机控制器（二）

维修图解

如图 1.2-18 所示为电机控制器内部拆解零部件。

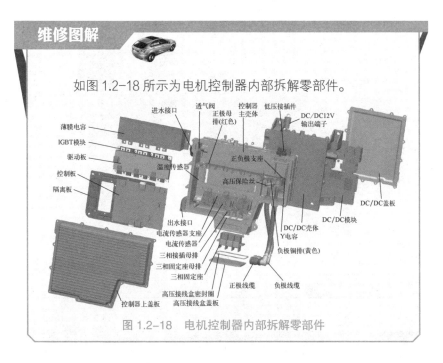

图 1.2-18 电机控制器内部拆解零部件

五、减速器

减速器（齿轮箱）采用单挡常啮合传动齿轮，不具备物理空挡功能，主要实现降低转速和增加转矩的功能，并把驱动电机的转矩传递到驱动半轴和车轮。

维修图解

如图1.2-19所示，减速器（齿轮箱）内主要包含差速器总成、中间轴总成以及锥轴承等主要零件。差速器及中间轴的轴端设置有调节垫片，垫片具有多挡规格，在维修过程中，须根据实际测量结果，进行不同厚度垫片的选配。

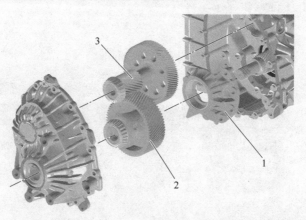

图1.2-19　减速器（齿轮箱）
1—差速器支撑板；2—差速器；3—中间轴

1 认识差速器

差速器壳体内部具有2个小齿轮和2个侧齿轮，均为锥齿轮，用于传动转矩至车轮驱动轴，并可使左右车轮有轮速差，见图1.2-20和图1.2-21。

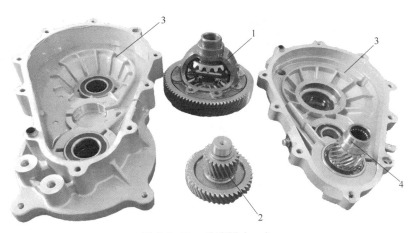

图 1.2-20 差速器（一）
1—差速器；2—中间轴；3—减速器壳体；4—输入轴

2 认识中间轴

中间轴总成包含中间齿轮轴和大齿轮，两者之间通过花键热压连接，中间轴总成用于将电机转子轴输出的转矩传递至差速器，中间轴上具有两个斜齿轮，分别为与电机转子轴啮合的齿，和与差速器外齿圈啮合的齿，中间轴齿轮均为右旋的渐开线斜齿，见图 1.2-22。

图 1.2-21 差速器（二）

图 1.2-22 中间轴

如图 1.2-23 所示，电机在通电运行过程中，电机转子轴旋转，通过齿轮将运动传递至中间轴大齿轮，中间轴大齿轮带动同轴的小齿轮同步旋转，将运动传递至差速器大齿圈，差速器大齿圈带动壳体旋转，并将运动传递至差速器内部的侧齿轮，驱动轴将旋转运动传递至车辆，带动车辆前进或后退。

图 1.2-23　齿轮运转示意

 六、动力电池

1 动力电池包

　　通常把动力电池总成称为动力电池包。

　　动力电池包安装在整车底盘下方，使用 N 个安装点与车身连接。

　　为了满足动力电池运输的要求，通常在动力电池侧边梁上有 4 个吊耳孔。

动力电池包具有快换功能，快换接口包括电气接插件和水管快换接头。

动力电池包上会标明其额定容量、额定电压、电池类型。

维修图解

如图 1.2-24 所示，为便于精确追溯动力电池包上的每颗螺栓拆装次数及更换管理，统一定义螺栓编号。

图 1.2-24 动力电池
1～10—螺栓编号

2 认识动力电池拆解零部件

（1）动力电池拆解零部件

动力电池的直接作用是为电动汽车提供动力来源。

维修图解

　　如图1.2-25所示，动力电池零部件包括电池包、电池管理系统（BMS）组件、电池高压分配单元（SBOX）、壳体、盖板等。

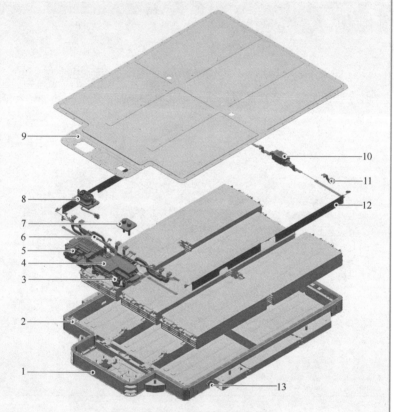

图1.2-25　动力电池拆解零部件

1—电池包下壳体总成；2—密封垫；3—水冷板进出水管；4—BMS组件；5—SBOX；6—低压线束；7—电池包端水快换口；8—电池包端电快换口；9—上盖板；10—熔断器；11—铜排；12—PI加热膜；13—泄压阀

（2）动力电池前舱组件

动力电池前舱由 BMS、DC/DC、CSC、SBOX、压力传感器、进出水管、水快换口、电快换口等组成，见图 1.2-26 和表 1.2-2。

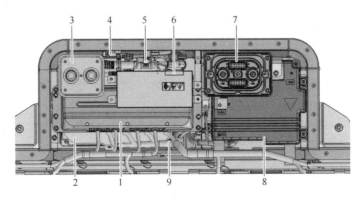

图 1.2-26　动力电池前舱组件

1—CSC（电池检测电路）；2—BMS（电池管理系统）；3—水快换口；4—压力传感器；5—NTC（负温度系数）水温传感器；6—DC/DC（直流交换器）；7—电快换口；8—SBOX；9—模组通信线束

表 1.2-2　动力电池零部件

零部件	说明	图示
压力传感器	压力传感器安装在电池包前部区域侧壁上，用于监测电池包内部腔体压力，并反馈给 BMU（电池管理单元）。例如，某 75kW·h 动力电池包正常工作压力在 50 ~ 300kPa	
温度传感器	动力电池上有 2 个温度传感器，分别安装在进出水管上，用于检测系统冷却液温度信号。进/出水管正常工作温度一般低于 80℃或高于 -30℃；进出水管温度差小于 20℃	

续表

零部件	说明	图示
模组通信线束	模组通信线束采集各个模组中单电芯的电压及模组温度数据并反馈给 CSC（电芯监测控制器），CSC（电芯监测控制器）经过 CAN 信号将数据传输给 BMU	

3 认识动力电池下壳体总成

（1）动力电池包下壳体

动力电池包的下壳体为主要承重件。

如图 1.2-27 所示，动力电池包的下壳体的中间布置 2 个纵梁和 1 个横梁以加强壳体强度，同时将区域分为 N 个区域。壳体底部安装有水冷板和底护板，水冷板与底护板之间有橡胶垫和泡棉填充，底护板底部有 PVC 喷涂，用于防擦。侧翼边框采用复合材料拉挤成型，使用螺接方式固定在电池包壳体两侧。

图 1.2-27　动力电池包下壳体总成

（2）电芯及模组

动力电池中，电芯是最小的单元，N 个电芯组成了模组，N 个模组组成了动力电池。

模组通过电芯上部使用铜排将电芯串联在一起，电芯与电芯之间有缓冲垫，用于缓冲及提供热膨胀空间。两端为注塑端板，用于模组限位。电芯上部有热压 CCS，用于电芯电压采样及温度采集。CCS 上部贴有 PC 绝缘片，以保护 CCS 组件及裸露铜钯绝缘保护。

维修图解

如图 1.2-28 所示是一款纯电动汽车 75kW·h 的动力电池，其采用了两种不同的电芯组合而成，共由 118 个电芯串联而成，按电池包壳体结构区域划分为 6 个模组，每个区域内 20 个电芯（M5 区域 18 个电芯）。

电池包内部电芯分为 2 种类型，分别是 106 个 A 型（磷酸铁锂）和 12 个 B 型（三元锂）。

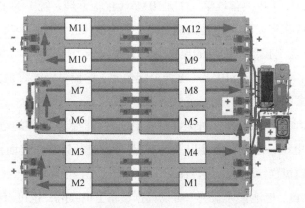

图 1.2-28　一款纯电动汽车 75kW·h 的动力电池

维修图解

如图 1.2-29 所示为 NTC 采样，每个模组的 NTC 与 CCS（电池模组采样）为一体，一组模组有 8 个 NTC 温度传感器。

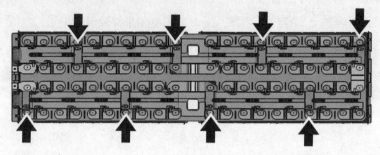

图 1.2-29　NTC 采样

4 BMS（电池管理系统）

BMU（电池管理单元）是 BMS（电池管理系统）的主控制器，用于接收来自 CSC（电池检测电路）的电池状态信号，接收来自 DC/DC（直流交换器）提供的电源，接收来自压力传感器和水温传感器的信号，接收来自 SBOX（电源分配单元）的信号，接收来自车辆其他控制器的控制信号。

电池管理系统是一种能够对蓄电池进行监控和管理的电子装置，通过对电压、电流、温度以及 SOC 等参数进行计算，进而控制电流的充放电过程，对电池进行保护，提升电池综合性能。

BMS（电池管理系统）可以根据整车上电唤醒，也可以根据 DC/DC（直流交换器）唤醒，还可通过压力传感器唤醒。

维修图解

如图 1.2-30 所示，电池管理系统有 4 个接插口。

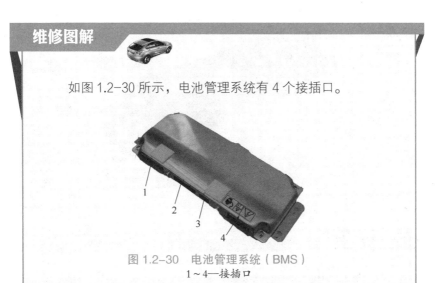

图 1.2-30　电池管理系统（BMS）
1～4—接插口

5 CSC（电芯监测控制器）

CSC（电芯监测控制器）用于电池检测电路，它负责将电池电芯信息采集后传递给 BMU 进行处理。每个电池单元具有多个 CSC 采集系统，以监控每个电池单元或电池组单元的电压和温度信息。CSC 采集系统向电池控制单元报告相关信息，并根据 BMU 指令进行单体电压均衡。

维修图解

如图 1.2-31 所示，CSC（电芯监测控制器）分为上下 2 部分，安装于电池包前部左侧区域。接插件接头有 16 个，分颜色防呆设计。CSC 用于监测电池包模组电芯数据。

图 1.2–31 CSC（电芯监测控制器）

6 DC/DC（直流交换器）

维修图解

　　DC/DC（直流交换器）用于将电池包模组的电压转换成 12V 低压电，给 BMS（电池管理系统）提供电源，BMS（电池管理系统）通过 CAN 信号控制 DC/DC（直流交换器）工作（图 1.2–32）。

图 1.2–32　DC/DC（直流交换器）

7 电源分配单元

（1）认识电源分配单元

动力电池包内的电源分配单元内部有硬铜条连接组成高压回路，连接主正、主负的硬铜条连接到电池模组上，低压线束用于采集各部件电压信号，输送 BMS（电池管理系统）的控制信号，同时也接收来自 BMS（电池管理系统）的控制限号。

维修图解

如图 1.2-33 所示，电源分配单元（SBOX）由 DC/DC 熔断器、主继电器、预充继电器、预充电阻、电流传感器、加热膜熔丝、加热膜继电器等组成。

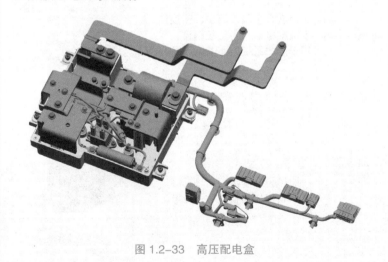

图 1.2-33　高压配电盒

（2）高压配电盒零部件（表 1.2-3）

表 1.2-3　高压配电盒零部件

零部件	说明	图示
主继电器	串联在主正/主负回路中，连接熔断器与快充口正极；连接电流传感器与快充口负极	
预充继电器	串联在主正回路中，连接熔断器与预充电阻，预充电阻与充电口正极相连，与主正继电器并联	
预充电阻		
电流传感器	串联在主负回路中，连接主负继电器与主负硬铜排，用于监测系统工作电流强度	
DC/DC 熔丝	DC/DC 熔丝安装于高压配电盒中，分布在 DC/DC 正极供电线路中	
加热膜继电器	加热膜继电器、加热膜熔丝串联在加热膜供电正极电路中	
加热膜熔丝		
熔断器	安装于电池包后部，串联在模组中部	

七、电动压缩机

1 认识空调系统零部件

　　电动压缩机将来自蒸发器的低压、低温蒸气压缩为高压、高温蒸气，输送到冷凝器。电动压缩机可以通过高压电机转速的变化向空调系统提供所需要的制冷剂量。

维修图解

　　电动压缩机用螺栓安装在前舱的安装支架上，通过高压电驱动，是整个系统制冷剂循环工作的动力源。压缩机及空调系统零部件见图1.2-34。

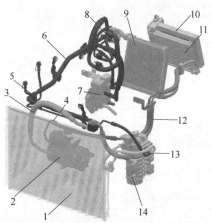

图 1.2-34　压缩机及空调系统零部件

　　1—外部冷凝器；2—电动压缩机；3—空调管总成 - 压缩机吸气管；4—空调管总成 - 压缩机高压排气管；5—空调管总成 - 同轴管进口 / 出口；6—空调管总成 - 前舱蒸发器进出管；7—低压换热器总成；8—前空调管路总成（前舱蒸发器进出管到蒸发器）；9—蒸发箱；10—PTC 加热器（非制冷剂管路部件）；11—内部冷凝器；12—空调管总成 - 内部冷凝器进出管；13—空调管总成 - 冷凝器进口 / 出口；14—制冷剂集成模块总成

2 认识电动压缩机

电动压缩机内部集成有压缩机控制器。压缩机控制器将高压直流电转换成三相交流电而驱动空调压缩机，为制冷剂循环的动力源。

维修图解

空调压缩机模块上有制冷剂循环的进出管路，集成驱动控制器的永磁直流变频涡旋压缩机，由涡旋结构泵体、永磁同步电机和控制器三部分组成。电动空调压缩机见图1.2-35。

图1.2-35　电动空调压缩机

1—高压接插件；2—低压接插件；3—驱动控制器；4—压缩机机体；5—排气口；6—吸气口

八、高压线束

高压线束主要用来将动力电池与各高压用电器连接，实现高压用电器取电及给动力电池充电功能。

维修图解

高压线束是高电压、大电流的电缆，是指整车橙色部分的线束，从整车底盘位置的动力电池开始，沿着地板加强件侧，延伸到动力机舱内,用于连接动力电池、电机控制器、PTC 加热器、车载充电机总成、电动空调压缩机等大功率电气设备。高压线束见图 1.2-36。

高压线束(橙色)

图 1.2-36 高压线束

(1)动力电池高压线束(图 1.2-37)

图 1.2-37 动力电池高压线束

（2）前驱动电机和空调压缩机高压线束（图 1.2–38）

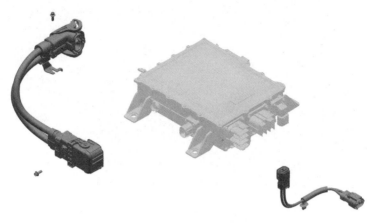

图 1.2–38　前驱动电机和空调压缩机高压线束

（3）后驱动电机和 PTC 高压线束（图 1.2–39）

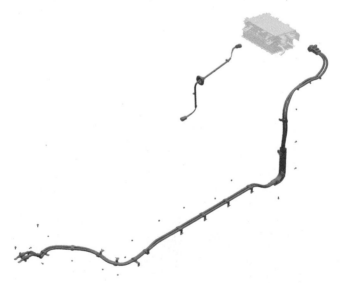

图 1.2–39　后驱动电机和 PTC 高压线束

第三节
了解新能源汽车维修养护周期

一、动力电池保养周期

电动汽车在间隔的时间或里程段进行维护。根据目视检查或系统操作（性能）功能测量的结果，按需修正、清洗或更换。保养项目是根据车辆正常行驶情况下制定的，对于经常在恶劣条件下使用的车辆，应增加保养频率。动力电池保养项目及周期见表1.3-1。

表1.3-1 动力电池保养项目及周期

检查项目	每5000km 或半年	每10000km 或1年	每40000km 或2年
电池包外观	检查	检查	检查
动力电池托盘、护板	检查或紧固	检查或紧固	检查或紧固
异味检查	检查	检查	检查
高压插接器及线束	—	检查	检查
低压插接器及线束	—	检查	检查
螺栓转矩	紧固	紧固	紧固
平衡阀/透气阀	—	—	检查
维修开关	—	—	检查

二、驱动电机保养周期

1 驱动电机冷却液的更换周期

每4年或100000km更换长效冷却液（例如有机酸型），以先到者为准。

冷却液中含有添加剂和抗泡沫添加剂，这些添加剂会在使用过程中逐渐地丧失应有的功能，以至于无法对冷却系统内部进行很好的保护。也就是说，在冷却系统不发生泄漏的前提下，冷却液对于温度的控制基本不会变，但由于添加剂失效，特别是抗泡沫添加剂，在水泵叶轮的搅动下，会使冷却液产生气泡，气泡会大大削弱冷却液的效果。所以，冷却液应按期更换。

2 驱动电机检查周期

检查电机连接处是否有异物或者被腐蚀。视情况，每半年或5000km或稍微比该时间段长的间隔时间里检查，如有异常损坏应及时清理和检修。驱动电机保养项目及周期见表1.3-2。

表1.3-2　驱动电机保养项目及周期

系统	检查项目	每5000km或半年	每10000km或1年	每40000km或2年
驱动电机	前、后电机外观	检查	检查	检查
	插接器及线束	—	检查	检查
	温控管路	检查	检查	检查
	支撑胶及螺栓转矩	—	紧固	紧固
电机控制器	外观	检查	检查	检查
	高压插接器及线束	检查	检查	检查
	低压插接器及线束	检查	检查	检查
	温控管路	—	检查	检查
	低压输出正端子	检查	检查	检查
	接地端子	检查	检查	检查
	螺栓扭矩	—	检查	检查

 三、其他检查和保养周期

车辆常规维护检查、空调滤芯、制动液和减速器润滑油保养周期见表 1.3–3。

表 1.3–3　车辆常规维护检查、空调滤芯、制动液和减速器润滑油保养周期

保养项目	保养周期
车辆常规维护检查	每 1 年或每行驶 2 万千米进行检查，以先到者为准
空调滤芯	每 1 年或每行驶 2 万千米进行更换，以先到为准
制动液	每 3 年或每行驶 6 万千米进行更换，以先到者为准 制动液必须使用所保养车型手册指定的型号，不得与其他品牌、型号的制动液混加。随着时间和里程的增加，制动液会慢慢吸收空气中的水分，制动液中过高的含水量可能会引起制动系统的腐蚀损伤。此外，制动液的沸点也会明显下降，在高负荷制动的情况下，制动系统中会产生气泡，从而使制动效能降低
减速器润滑油	每次保养时进行检查，每 5 年或每行驶 10 万千米进行更换，以先到者为准 按照厂家要求，使用电动汽车专用润滑油

第四节
了解新能源汽车维修禁忌和警告

一、高压安全防范

1 高压警告

电池包母线为高压部件，在高压部件的拆卸和安装过程中，需要取得低压电工证资质；在佩戴高压手套的情况下，必须做好自身的绝缘保护措施，身上不得携带任何金属物品。

对高压电部件进行维修和拆装前，必须进行断电操作，确认已断开紧急切断开关和12V电源，并且断电后车辆静置5min以上。

接通高压电前，必须进行高压电部件壳体接地检查，确认高压电部件的装配和连接可靠。

2 高压操作界定

工作电压范围30~1000V（AC）、60~1500V（DC）属于高压操作。

车辆维修作业中的高压定义是动力电池装车后的高压系统维修操作，包括车辆的上下电操作、维修检测等。

3 高压部件

新能源汽车高压器件的保护壳上黄色高压符号标识，见表1.4-1。

表 1.4-1　新能源汽车高压器件的保护壳上黄色高压符号标识

高压部件	说明	高压标识
动力电池包	存储电能并提供全车所需电能	
高压配电盒	按需分配高压电能给高压部件	
前电驱动系统	由电机、逆变器、齿轮箱组成驱动前轮输出	
后电驱动系统	由电机、逆变器、齿轮箱组成驱动后轮输出	
压缩机总成	空调系统制冷时用以压缩制冷剂	
DC/DC（直流交换器）	DC/DC将动力电池包的高压电压转换为低压直流电压以供车上低压用电设备使用的功率转换器	
车载充电机	车载充电机（OBC）负责将来自电网的交流电（AC）转换为电动汽车高压电池所需的直流电（DC），以满足电动汽车动力电池的充电需求	
空调 PTC 加热器	将高压电能转化为热能，为驾驶员或乘客侧空调系统制热	
高压线束(橙色)	连接各高压部件	
充电口	功率分配单元，提供外接电源	

4 车辆上电和下电

（1）上电状态

高压系统中高压电池内继电器闭合，其他高压器件与高压电池建立连接，整个高压系统带有高压电。

（2）下电状态

高压系统中高压电池内继电器断开，其他高压器件与高压电池断开连接，高压电池外的高压系统进行放电，失去高压电。

5 新能源汽车维修基本要求

新能源汽车 ST 级别与 DT 级别维修工需至少具备国家电工资质，即中华人民共和国特种作业操作证（电工）。

在新能源汽车高压相关系统上操作的内容分为三个部分。

① L1：非带电作业，MT（maintenance technician）。

② L2：断电下不带电作业，ST（service technician）。

③ L3：高压系统诊断和维修，DT（diagnostic technician），并可工作于暴露的带电高压系统。

新能源汽车高压系统及相关维修作业项目见表 1.4-2。

表 1.4-2　新能源汽车高压系统及相关维修作业项目

涉高压电作业	序号	工作项目	高压系统隔离	
			是	否
非高压系统维修作业	1	拆卸 / 安装低压蓄电池		✗
	2	拆卸和安装低压电器系统单元及部件		✗
	3	制动液排放 / 加注		✗
	4	制动系统零件拆装		✗
	5	拆卸 / 安装头灯		✗
	6	拆卸和安装悬架系统机械部件		✗

续表

涉高压电作业	序号	工作项目	高压系统隔离	
			是	否
非高压系统维修作业	7	焊接工作	✔	
	8	钣金工作（借助校正平台）	✔	
	9	钣金工作（组装和凹痕修复工作）		✘
	10	喷涂准备和喷涂实施		✘
	11	车身烤漆	✔	
接近高压系统维修作业	1	排空 / 加注制冷剂	✔	✘
	2	拆卸 / 安装电子转向机	✔	
	3	拆卸 / 安装前、后副车架	✔	
	4	维修临近高压系统的机械部件 / 线路	✔	
	5	使用切割或热源，在接近高电压部件和高压线路的地方工作，比如焊接、锡焊、热风和热黏合	✔	
高压系统维修作业	1	高压系统隔离	✔	
	2	更换或维修断路器	✔	
	3	更换 BMS 单元	✔	
	4	更换或维修高压电池熔断器	✔	
	5	高压线路	✔	
	6	卸下与装上高压电池	✔	
	7	排空或加注高压系统冷却液		✘
	8	拆卸 / 安装电动空调泵	✔	
	9	拆卸 / 安装等电位连接线	✔	
	10	对高压部件冷却系统的维修	✔	
	11	拆卸 / 安装驱动电机	✔	
	12	拆卸 / 安装逆变器（电机控制器）	✔	
	13	拆卸 / 安装减速箱	✔	
	14	拆卸 / 安装电源分配单元	✔	
	15	拆卸 / 安装高压 PTC 加热器	✔	
	16	拆卸 / 安装车载充电机	✔	
	17	拆卸 / 安装充电接口	✔	
	18	拆卸 / 安装 DC/DC 转换器	✔	

二、高压系统操作

1 整车高压系统下电

① 在维修检查任何电气部件前，必须将车辆上所有的电气负载"OFF（关闭）"，并将车辆的电源模式切换到"OFF（关闭）"状态。断开车辆的"高压维修开关MSD"后，将低压蓄电池的负极电缆断开。除非操作程序中另有说明，否则将导致高压电池粘连性故障。违反这些安全须知，可能导致人身伤害或损坏车辆和车辆部件。

② 在维修高压系统时（高压系统线束在车上，使用橘黄色识别），必须佩戴高压绝缘手套才能进行操作，必须断开安全开关。

2 检修高压系统

① 在车辆上电前，注意确认是否还有人员在进行高压维修操作，避免发生危险。

② 检修高压系统时，首先需对车辆进行整车下电，断开高压维修开关和蓄电池负极电缆，并确保在维修过程中不会有人将其重新连接。

③ 检修高压线时，对拆下的任何裸露出的高压部位，应立刻用绝缘胶带包扎绝缘。

④ 安装高压线时，必须按照车身固定孔位要求将线束固定好。

⑤ 不能用手指触摸高压线束接插件里的带电部分，以免触电。另外应防止有细小的金属工具或铁条等接触到接插件中的带电部分。

3 检修动力电池

① 在检修动力电池时，为了防止电解液泄漏造成人员伤害，维修人员必须佩戴防止电池电解液酸碱性手套和防护眼镜，以防止电解液腐蚀皮肤和溅入眼中。

② 断开维修开关，只是切断了从动力电池到高压用电设备的电源。动力电池仍然是有电的，当需要检修动力电池时，应使用绝缘胶带包好裸露出的高压部件，避免触电。

③ 搬运动力电池至电池维修专业工作台时，应用动力电池专用吊架，严禁直接用手抬动动力电池。

4 使用万用表测量

使用万用表测量高压时，必须遵守"单手操作"原则。

① 检修高压系统前应使用万用表测量整车高压回路，确保无电。如果检测到直流电压大于等于60V，应立即停止操作，检查判断漏电部位。

② 使用万用表测量高压部件时，需注意选择正确量程，检测用万用表精度不低于0.5级，要求具有直流电压测量挡位，量程范围大于等于所测车辆动力电池额定电压。

③ 所使用的万用表一根表笔线上配备绝缘鳄鱼夹（要求耐压为3kV，过流能力大于5A），测量时先把鳄鱼夹夹到电路的一个端子上，然后用另一个表笔接到需测量端子测量读数，每次测量时只能用一只手握住表笔。

④ 使用万用表测量高压部件时，严禁触摸表笔金属部分。

5 其他禁忌和禁止事项

① 进行高压部件维修前，应先检查各个高压系统部件标签，不

得脏污或损坏。

② 检查高压蓄电池壳体有无裂纹或变形，是否有电解液溢出。

③ 禁止液体与高压蓄电池接触，否则有触电危险。

④ 佩戴金属首饰的人员，禁止进行高压系统维修操作，进行高压系统维修操作时应当取出身上的金属物件。

⑤ 佩戴心脏起搏器或助听器等医疗设备的人员禁止接近高压操作环境。

⑥ 正在充电的车辆，禁止进行高压系统的维修。

⑦ 进行高压系统维修操作时，禁止支撑在高压线束插头上。

⑧ 禁止过度弯曲或弯折高压线束。

三、电击事故急救措施

如发生触电事故，需拨打急救电话求援，同时视情况应采取如下急救措施。

① 安全是第一位的，绝对不可触碰仍然与电压有接触的人员。

② 如果可能，马上将电器系统断电（关闭点火开关）。

③ 用不导电的物体（例如木棍）将受伤人员或导电体与电压分离。

《《第二章》》

初步的入门维修

第一节
例行检查和常规保养

 一、常规维护检查

如表 2.1-1 所列的常规检查项目以及相关零件，一旦发现问题，及时处理。

表 2.1-1　常规维护检查

检查项目	检查内容
空调和电器	①照明与信号装置 ②风窗玻璃洗涤系统（包括雨刮、储液罐） ③低压蓄电池 ④空调系统
动力电池系统	①电池包总成 ②电池容量 ③电池包动力线及电池包安装支架 ④电池表面清洁
充电系统	①慢充充电插座总成 ②慢充充电插头总成 ③快充充电插座总成 ④车载充电机总成及接插件
高压线束系统	①空调 PTC 高压线束总成 ②电机三相线总成 ③充电机高压线束总成 ④动力电池高压线束总成
驱动电机及控制系统	①电机表面清洁及接插器情况 ②动力总成安装支架及安装螺栓 ③电机控制器表面清洁及接插器情况 ④电机与减速器对接螺栓 ⑤减速器表面清洁及接插器情况 ⑥电机及控制器进出水管

 二、动力电池检查和保养

1 注意事项和限制条件

① 切勿将车辆停放于温度过高或过低的环境中。

② 切勿长时间停放车辆，避免动力电池完全放电导致动力电池损坏。

③ 车辆需要保持干燥，避免长时间在潮湿环境下停放。

④ 避免急加速、超载等，以减少动力电池大电流放电次数，增加动力电池使用寿命。

⑤ 车辆如果长期停放，需要断开低压蓄电池负极，并定期给车辆进行充电，使车辆电量保持在 50% ~ 60%。建议定期检查电量是否正常，应每月使用一次车辆。

维修图解

如图 2.1-1 所示，列举的是小米汽车充电设置情况。

① 充电限值对于配备三元锂离子电池车型应设置为 80%，配备磷酸铁锂电池车型可设置为 100%。

② 如果是配备磷酸铁锂电池的新车辆，对车辆充电时，至少完成一次电量充满。

③ 最大电流调节设置仅限在使用慢充充电时才可生效。

④ 为了提升电池的使用寿命和安全性，车辆采取了防浮充策略，当电池电量充至 100% 后，配备三元锂离子电池车型电量降至 96% 及以下时车辆允许再次充电，配备磷酸铁锂电池车型电量降至 99% 及以下时车辆允许再次充电，从而避免在高电

量时反复充电影响电池健康。

⑤ 车辆充电至所设置的限值后，会停止充电，此时如未断开充电枪，当低于充电限值后，车辆将尝试自动激活充电并复充至设置的充电限值。

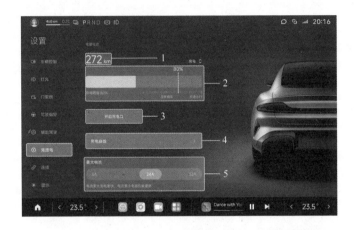

图 2.1-1　中控设置充电

1—显示车辆剩余电量可行驶里程；2—充电限值（可以根据用车需求设置充电限值，最低限值为 50%）；3—开启或关闭充电口；4—充电曲线；5—最大电流（可以根据需求设置使用交流电源充电时电流大小）

2 动力电池特性

① 动力电池在正常状态下，车辆续航里程会因为驾驶习惯、路况、气温或开启空调等情况受到影响。

② 动力电池在电量高状态下，制动能量回收功能会减弱回收能量。

③动力电池在低电量状态下，整车加速性能会减弱。

④为了长期保持动力电池的良好性能，勿将车辆持续暴露在高于55℃或低于-30℃的环境下超过24h。

⑤如果车辆长时间处于未通电状态且低压蓄电池亏电情况下，可能无法为动力电池进行充电，此时，应进行跨接启动后再次尝试为车辆充电，充电接口见图2.1-2。如果仍无法给车辆充电应及时维修。动力电池及充电指示灯见表2.1-2。

图 2.1-2　充电接口
1—慢充（交流）接口；2—快充（直流）接口

表 2.1-2　动力电池及充电指示灯

指示灯/图标	名称	说明
	动力电池电量正常	此灯点亮，表示动力电池电量正常
	动力电池电量低	此灯点亮，表示动力电池电量低，请及时给动力电池充电，若继续行驶会影响车辆性能及动力电池使用寿命
	低压电池故障指示灯	此灯点亮，表示低压供电系统异常
	充电线连接指示灯	此灯点亮，表示充电枪已连接

3 检查动力电池冷却液

车辆出厂时，动力电池冷却系统已加注冷却液，在规定的保养期检查动力电池冷却液液位。

目测及多方位多点检查冷却管、冷却管接头等是否有泄漏。原厂使用的是含乙二醇的冷却液，保养检查时尽可能使用冰点检测仪，测量冷却液冰点，冰点应不高于 −35℃。

维修图解

如图 2.1-3 所示，查看冷却液储液罐侧面的液位标记：MAX 表示上限标记；MIN 表示下限标记。

冷却液液位应在 MIN 标记与 MAX 标记之间，如低于 MIN 标记，应及时添加与原厂一致的冷却液。

图 2.1-3　动力电池冷却液液位

 三、驱动电机的检查和保养

1 检查驱动电机冷却液

驱动电机冷却系统应始终使用与原厂相同规格的冷却液，无须添加任何混合剂。不同品牌和型号的冷却液不能混合使用。

维修图解

如图 2.1-4 所示，列举的是小鹏 G3i 电动汽车的电机冷却液情况。

① 液位在冷却液副水箱最大值（MAX）和最小值（MIN）标记线之间，符合要求。

② 如果低于下限刻度线，则应添加冷却液，使液位上升到上限（MAX）刻度线。检查冷却系统有无泄漏现象。

图 2.1-4　电机冷却液液位

2 驱动电机的维护

维修图解

如图 2.1-5 所示，检查驱动电机需要拆卸副车架挡泥板总成，检查动力总成，无漏油液、磕碰、破损等现象。

驱动电机

图 2.1-5　检查驱动电机

驱动电机系统检查和维护需要解决以下问题。

① 驱动电机总成与悬架及车身连接的机构是否松动或者变形。

② 差速器两端与传动轴连接是否松动。

③ 检查减速器油面和油质。

④ 驱动电机总成进出油液口是否渗漏。检查进出口油管是否松脱，若松脱则卡紧油管，必要时加注润滑油。

⑤ 差速器端是否渗油。检查驱动电机总成减速器端油封是否破损，若破损则更换油封。

⑥ 驱动电机总成线束松脱破损。检查线束与驱动电机接插件端口是否松脱，若松脱则纠正或插紧接插件；检查连接驱动电机的线束是否有破损，若破损则更换线束。

⑦ 检查电驱冷却系统管路是否存在漏液，冷却液液位是否正常，

水泵工作是否正常。

动力系统指示灯见表 2.1-3。

表 2.1-3　动力系统指示灯

指示灯 / 图标	名称	说明
	乌龟灯（功率受限灯）	该灯点亮，表示车辆动力系统性能受限
	电机及控制器过温报警指示灯	该灯点亮，表示驱动电机过热

四、采暖冷却液检查

采暖冷却液与动力电池和驱动电机冷却液检查方法相同。

维修图解

如图 2.1-6 所示，查看冷却液储液罐侧面的液位标记：MAX 表示上限标记；MIN 表示下限标记。

冷却液液位应在 MIN 标记与 MAX 标记之间，如低于 MIN 标记，应及时添加与原厂一致的冷却液。

图 2.1-6　采暖冷却液液位

五、充电接口的检查

充电接口检查包含功能检查、目测检查及清洁。

（1）充电接口目测检查及清洁

① 检查充电接口是否有物理损伤，充电接口插脚内是否有异物，是否有水渍、杂质等，如有则进行清洁，如无法清除请更换充电接口。

② 检查充电接口插座密封圈是否有脱落、撕裂，如果有问题则需更换充电接口。

维修图解

检查充电接口插座端子是否有烧蚀现象。烧蚀和损坏情况见图 2.1-7 ~ 图 2.1-9。

图 2.1-7　插座端子烧蚀　　　　图 2.1-8　插座塑料件烧蚀

判断标准：分三个等级，即完好、端子烧蚀（镀层发黑）和端子严重烧蚀（露铜）。

处理措施：如果充电接口插座烧蚀，则需要更换充电接口。

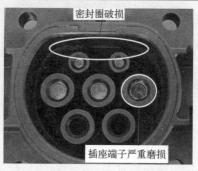

图 2.1-9 插座塑料件磨损

（2）功能检查

检查充电接口盖板开关，过程中是否有异响、抖动等异常现象。

（3）充电接口开关清洁

充电接口开关清洁，需要用气枪吹除外部的污渍。

 六、低压蓄电池检查

12V 低压蓄电池为低压系统供电。通常使用的都是封闭免保养蓄电池，蓄电池本身不需要进行保养，也无须补充蒸馏水。除了壳盖上的小通风孔外，蓄电池是完全密封的。

维修图解

低压蓄电池检查如图 2.1-10 所示。

① 目测检查 12V 蓄电池及其线束是否破损，蓄电池是否有鼓包变形等。

② 目测蓄电池接线柱是否氧化，如有则进行清洁处理。

低压蓄电池

图 2.1-10 低压蓄电池检查

第二节
常见简单零部件更换

 一、更换低压蓄电池

1 低压蓄电池功能

车辆低压蓄电池为 12V 磷酸铁锂电池，为确保车辆的低压电源在长期使用中处于比较好的工作状态，通常车辆具备低压电源管理系统。

维修图解

低压蓄电池如图 2.2-1 所示。

① 启动电池是整车低压负载的供电电源，并联在 DC 输出端上，一般情况是 DC 给启动电池充电工况，只有 DC 输出不足时参与整车负载供电。

② 电池极柱内部连接电池管理器（BMS），其硬件过电流能力有限，因此严禁使用此启动电池给其他燃油车辆搭电启动。

③ 启动电池内部包含电池管理器，其通过通信口与整车模块交互信息，所以务必保证通信线束连接有效，否则启动电池无法正常使用。

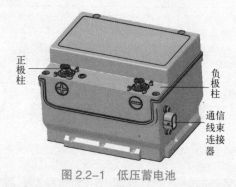

图 2.2-1　低压蓄电池

2 拆装低压蓄电池

（1）拆卸事项

① 拆下蓄电池固定支架总成。

在断开 12V 低压蓄电池电源之前，要确保驾驶员的门窗处于全开状态，否则可能导致车辆关闭。

维修图解

如图 2.2-2 所示，分别拆下蓄电池负极和正极接线柱。

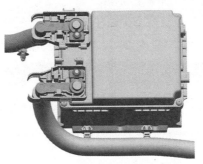

图 2.2-2 拆卸低压蓄电池接线柱

② 拆下上压板。

③ 拆下支架螺栓。

④ 取出 12V 蓄电池总成。

维修图解

蓄电池和接线柱拆解见图 2.2-3。

图 2.2-3 蓄电池和接线柱拆解

（2）安装事项

① 复位 12V 蓄电池总成。

② 装上压板螺栓拧紧至 20Nm。

③ 安装支架螺栓拧紧至 8Nm。

④ 装上蓄电池正负两个接线柱，螺母拧紧至 6Nm。

二、拆卸维修开关

在新能源汽车高压系统维修之前，首先做的就是给高压系统断电，也就是需要断开维修开关（安全开关），各种车型维修开关形式和安装位置有所不同。

维修图解

如图 2.2-4 所示，某款车型维修开关安装在后座椅下方（A

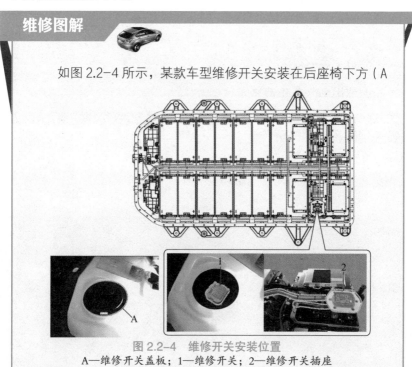

图 2.2-4　维修开关安装位置

A—维修开关盖板；1—维修开关；2—维修开关插座

处盖板），通过拆卸维修开关，从而切断高电压电路。

① 将点火开关转至 OFF 位置，并分离低压蓄电池负极端子。

② 拆卸后座椅坐垫总成。

③ 拆卸维修盖。

④ 拆卸安全插头。

维修图解

按照图 2.2-5 所示的顺序拆卸维修开关（安全插头）：打开锁片→提起锁止机构→拔出维修开关。

图 2.2-5　维修开关

三、拆卸高压插头

1 弹性保持锁片式接插件

这类接插件的保持锁片有弹性，插入到位时会自动弹出锁止到位。

（1）拆卸高压插头

维修图解

拆卸时，如图2.2-6所示的位置，推动锁片并同时按下卡扣，再拔出接插件。

图 2.2-6 弹性保持锁片式接插件（拆卸时）

（2）插接高压插头

维修图解

① 插接时，如图 2.2-7 所示，红色卡点要朝正上方。

② 拆卸时，朝分离方向推动圆形锁止结构到底，同时捏住锁环，将插件沿着箭头方向拔出。

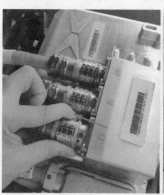 

图 2.2-7 弹性保持锁片式接插件（安装时）

2 杠杆扳手式接插件

维修图解

如图 2.2-8 所示，杠杆扳手式接插件带有一个杠杆扳手，用于辅助接插。

在操作这类接插件时需要注意先将扳手打开到底，对准扳手上的导向孔后插入接插件，再推扳手，推入扳手时应该用力匀速，避免用力过猛导致扳手断裂。

图 2.2-8　杠杆扳手式接插件

3 DC/DC、OBC 交流插件接插件

维修图解

DC/DC、OBC 交流接插件拆卸顺序按图 2.2-9、图 2.2-10、图 2.2-11 所示进行操作。

图 2.2-9　拔出锁止插片

图 2.2-10　按下插头

图 2.2-11 拔出插头

 四、插接充电枪

1 充电注意事项

① 使用满足标准的充电桩。

② 插入充电枪前，要确认充电枪头清洁且干燥。

③ 在车辆上锁状态下无法拔出充电枪。

④ 充电过程中禁止随意插拔充电枪。

2 交流充电桩充电

使用交流充电桩充电是慢充充电，通过交流充电桩连接慢充充电口实现，可在家中个人停车位进行充电，也可在公共停车场、充电站等公共场所通过交流充电桩连接慢充充电口进行充电。

充电枪插接操作如下。

① 停稳车辆并将车辆挂入 P 挡。

② 如小米汽车，可以使用中控屏开启充电口。充电口盖开启后，如果超过 2min 未插入充电枪，车辆充电口自动关闭。

维修图解

③ 将慢充充电桩充电枪正确插入车辆慢充充电口，开始充电（图 2.2-12）。

④ 充电结束后，拔出充电枪，关闭充电口，将充电枪放回充电桩原位。从车辆上拔出充电枪 5s 后，充电口自动关闭。

图 2.2-12　交流充电桩充电

3 直流充电桩充电

使用直流充电桩充电是快充充电方式，直流快充充电桩通常安装在公共停车场、充电站等公共场所，为新能源汽车提供充电。

维修图解

直流快充充电时，充电枪插入车辆快充接口，操作与交流慢充充电相同（图 2.2-13）。

图 2.2-13　直流充电桩充电

4 充电口防尘盖操作

充电口上安装防尘盖对充电口起到保护作用，防止未插入充电枪的接口有灰尘或异物进入。

如图 2.2-14 所示的是小米汽车充电口，其内部就装配一个防尘盖，当要在充电口插入充电枪前，防尘盖可以盖入另一个充电口上。

① 安装充电口防尘盖时，需 UP 箭头朝上盖入。

② 充电口防尘盖一面适用于快充充电口，一面适用于慢充充电口。

图 2.2-14　充电口防尘盖操作

《《第三章》》

基本的入门维修

第一节
总成件和零部件更换

 一、拆卸集成式控制器

这里所谓的集成式控制器是高压直流变换集成件。

高压直流变换集成件安装于前舱内，主要功能是将动力电池的电量分配给动力系统及高压用电设备及高低压转换。

维修图解

如图 3.1-1 所示的是蔚来（ET7）高压直流变换集成件，其前高压配电盒与 DC/DC 变换器集成为一体。

DC/DC 的额定功率为 4kW，输入电压范围为 200 ～ 480V(DC)，输出电压范围为 9 ～ 16V（DC）。

DC/DC 输入欠压保护为 190V±5V，DC/DC 输入过压保护为 490V±5V；

DC/DC 输出欠压保护为 17.0V±0.2V，DC/DC 输出过压保护为 8.0V±0.2V。

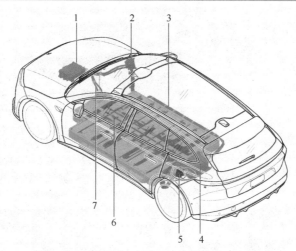

图 3.1-1 蔚来（ET7）高压直流变换集成件

1—高压直流变换集成件；2—车辆控制器（VCU）；3—高压线束总成（高压直流变换集成件至后高压配电盒）；4—后高压配电盒；5—直流充电插座总成；6—烟火式断电安全开关；7—高压线束总成（高压直流变换集成件至电池包）

1 拆卸事项

① 整车下电操作。

② 拆下前舱盖板后总成。

③ 拆下前舱盖板总成。

④ 拆下前舱中部盖板总成，然后拆卸相关水管。

维修图解

如图 3.1-2 所示，松开卡子，断开前驱动电机水管。

图 3.1-2　拆卸驱动电机水管

⑤ 断开高压直流变换集成件高压接插件。

维修图解

　　如图 3.1-3 所示为拆卸高压接插件。

　　高压直流变换集成件有 5 个高压接口，分别是后 PDU（高压配电盒）接口，PTC（高压电加热器）接口，EAC（电动压缩机）接口，ESS（储能系统／充电系统）接口，前 PEU（逆变器／电机控制器）接口。

　　高压接口都有高压互锁，高压互锁接通后，信号线的互锁检测接口处于导通状态。

高压直流变换集成件还有1个低压接口和1个12V电源正极接口。

高压直流变换集成件的外壳接地线为12V电源负极。

a. 拆下前电机高压线束总成支架螺栓1。

b. 断开前电机高压线束总成高压接插件2。

c. 断开 PTC 高压线束总成高压接插件3。

d. 断开电池包高压线束总成高压接插件4。

e. 断开空调压缩机高压线束总成高压接插件5。

f. 断开高压线束总成前后 PDU 高压接插件6。

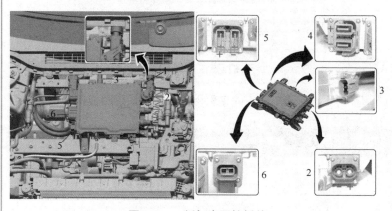

图 3.1-3　拆卸高压接插件

1—支架螺栓；2～5—高压接插件；6—前后 PDU 高压接插件

⑥ 断开高压直流变换集成件的低压接插件。

维修图解

　　如图 3.1-4 所示，断开高压直流变换集成件的低压接插件。

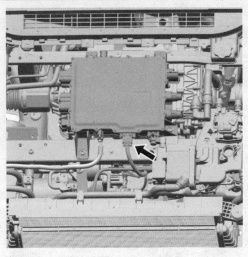

图 3.1-4 断开高压直流变换集成件的低压接插件

　　⑦拆下直流充电线束的塑料保护罩，然后拆卸或移开相关线束。

维修图解

　　如图 3.1-5 所示，拆下直流充电线束的固定螺栓，移开直流充电线束。

图 3.1-5 移开直流充电线束

⑧ 拆下螺栓，移开高压直流变换集成件的接地线，然后拆下高压直流变换集成件。

维修图解

如图 3.1-6 所示，拆下高压直流变换集成件的 4 个螺母，并拆下高压直流变换集成件。

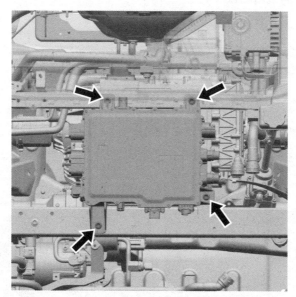

图 3.1-6　拆下高压直流变换集成件的 4 个螺母

2 安装事项

安装高压直流变换集成件参考"拆卸事项"，基本以拆卸的倒序进行安装。

安装时应注意复位接插件和管路的卡子。

二、拆卸高压保险

高压保险拆卸方法和步骤如下。

（1）拆下高压直流变换集成件

拆下高压直流变换集成件，并清洁高压直流变换集成件上盖，防止异物落入高压直流变换集成件。

（2）打开电器盖

拆下高压直流变换集成件上盖。

维修图解

如图 3.1-7 所示，拆下高压直流变换集成件上盖螺栓，并废弃螺栓；拆下高压直流变换集成件上盖。

注意，此紧固件为一次性零件，不可重复使用，拆卸后须进行废弃处理。

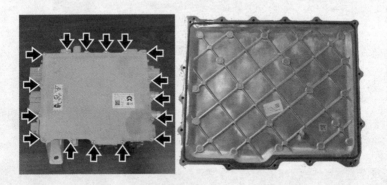

图 3.1-7　拆下高压直流变换集成件上盖螺栓

（3）拆卸保险

高压直流变换集成件内部有不同的熔断器（保险），拆下熔断器的同时，应检查高压直流变换集成件内部是否有烧蚀、异物。

维修图解

如图 3.1-8 所示，拆下保险两端的螺栓并废弃，取下保险。同样，此紧固件为一次性零件，不可重复使用，拆卸后须进行废弃处理。

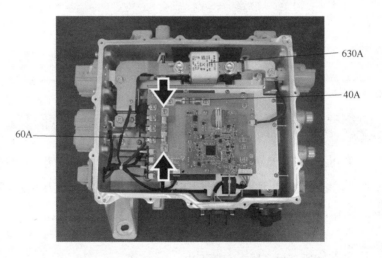

图 3.1-8　拆下保险两端的螺栓

（4）阻断测试

首先使用防静电吸尘器对腔内所有区域进行吸尘清洁操作，然后对 630A 保险进行阻抗测试。

维修图解

　　使用毫欧表进行阻抗测试，如图 3.1-9 所示，表的探针一头接熔断器端子上，一头接铜排上，每个熔断器螺栓连接的两部分都需要进行测量，标准值应为：< 0.1mΩ。

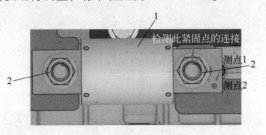

图 3.1-9　阻抗测试
1—熔断器；2—固定螺母

三、拆卸动力电池总成

　　拆卸动力电池总成（电池包）需在车下作业，使用动力电池拆装工具支撑电池包时，注意观察动力电池是否支撑稳定。动力电池比较重，移出整车时，严禁接近升降车，防止侧滑掉落伤人。

　　（1）车辆下电

　　①关闭所有用电器，车辆下电。

　　②断开蓄电池负极极夹。

　　③拆卸维修开关。

　　（2）排放冷却液

　　动力电池采用水冷系统，需要排放冷却液。

　　（3）拆卸地板及相关附件

　　①拆卸前舱底部护板总成。

② 拆卸后轮导流板。

③ 拆卸前舱底部护板电池包安装支架总成。

④ 拆卸后部电池包安装支架总成。

（4）拆卸电池包

① 断开相关线束插接器和管路。

维修图解

断开并移开相关高压线束。如图 3.1-10 所示，列举的是理想汽车动力电池。

a. 断开机舱线束连接器，移开机舱线束。

b. 断开动力电池至双电机控制器高压线束连接器，移开高压线束。

c. 断开动力电池至压缩机和 PTC 高压线束连接器，移开高压线束。

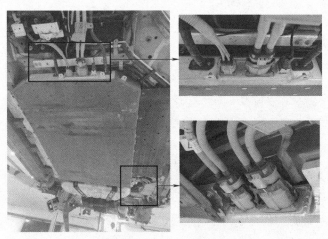

图 3.1-10 拆卸动力电池

② 拆下动力电池固定螺栓。动力电池维修台车见图 3.1-11。

图 3.1-11　动力电池维修台车

维修图解

　　a. 将动力电池维修台车移动至动力电池包总成正下方，锁定动力电池维修台车移动轮。

　　b. 旋转动力电池维修台车调节组件，将动力电池维修台车台面调至水平位置（图 3.1-12）。

　　c. 打开动力电池维修台车电源总开关，按压上升按钮，使台面接近动力电池总成。

　　d. 使用动力电池维修台车固定臂，将动力电池固定在动力电池维修台车上。

　　e. 拆卸动力电池包总成固定螺栓；移走动力电池。

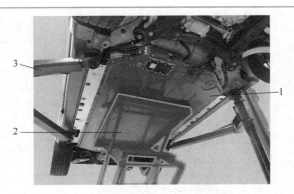

图 3.1-12 调整动力电池维修台车

1—动力电池；2—动力电池维修平台车（千斤顶或升降器）；3—车辆举升机

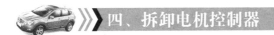

四、拆卸电机控制器

1 双电机控制器

在增程式新能源汽车中，双电机中一个是发电机，一个是驱动电机。在电池电量充足时，不会启动增程发电系统，只在有较强动力需求时才会通过增程发电系统和电池组共同为电机供电。在电池组电量低于某一阈值时，增程发电系统开始工作并优先满足电驱系统的电力需求，在电量满足电机需求时将剩余电量储存到电池组中。另外，电池组可以进行外部充电，并且在制动时通过制动能量回收来储存电能。

维修图解

如图 3.1-13 所示是理想汽车增程式电动汽车搭载的双电机控制器。

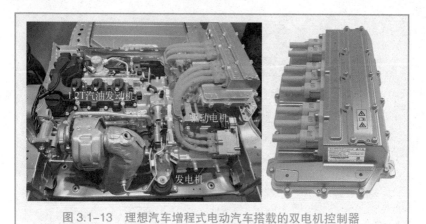

图 3.1-13 理想汽车增程式电动汽车搭载的双电机控制器

2 双电机控制器拆卸步骤

（1）车辆下电

① 断开蓄电池负极线束总成。

② 高压断电、下电和验电流程。

（2）拆卸外围及关联部件

① 拆卸洗涤壶盖板。

② 拆卸动力机舱中、后、左、右密封条。

③ 拆卸动力机舱左、右铰链护板。

④ 拆卸动力机舱左铰链护板。

⑤ 拆卸动力机舱左、右、中、后护板。

⑥ 拆卸动力机舱护板左支架。

⑦ 拆卸底盘护板。

（3）拆卸双电机控制器

① 拆卸线束及水管。

维修图解

如图 3.1-14 所示，断开双电机控制器上的线束连接器，拆下水管。

a. 断开双电机控制器线束连接器。

b. 使用水管钳拆卸固定卡箍，脱开发电机进水软管和前电子水泵出水软管。

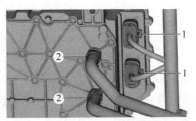

图 3.1-14 拆下双电机控制器水管
1—水管卡箍；2—线束连接器

② 拆卸上壳体盖板。

维修图解

如图 3.1-15 所示，拆卸双电机控制器上壳体盖板固定螺栓 1，取下双电机控制器上壳体盖板。

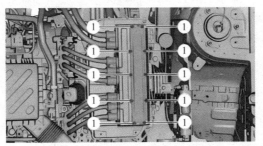

图 3.1-15 拆卸双电机控制器上壳体盖板固定螺栓
1—固定螺栓

③脱开双电机控制器高压线束。

维修图解

如图 3.1-16 所示，脱开双电机控制器高压线束。

a. 拆卸螺栓，脱开双电机控制器至发电机高压三相线束。

b. 拆卸螺栓，脱开双电机控制器至前电机高压三相线束。

c. 拆卸螺栓，脱开动力电池至双电机控制器高压线束。

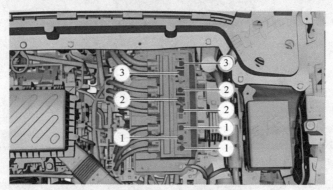

图 3.1-16　脱开双电机控制器高压线束

1—双电机控制器至发电机高压三相线束；2—双电机控制器至前电机高压三相线束；3—动力电池至双电机控制器高压线束

④拆卸双电机控制器高压线束。

维修图解

如图 3.1-17 所示，脱开搭铁线，拆卸高压线束。

a. 拆卸螺栓，脱开双电机控制器搭铁线。

b. 拆卸双电机控制器至发电机高压三相线束。

c. 拆卸双电机控制器至前电机高压三相线束。

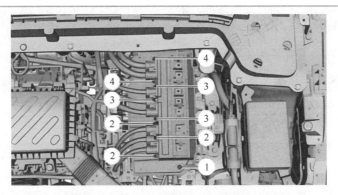

图 3.1-17　拆卸双电机控制器高压线束

1—双电机控制器搭铁线；2—双电机控制器至发电机高压三相线束；3—
双电机控制器至前电机高压三相线束；4—动力电池至双电机控制器高压线束

　　d. 拆卸动力电池至双电机控制器高压线束。

　⑤ 拆下双电机控制器。

维修图解

　　如图 3.1-18 所示，拆卸双电机控制器固定螺栓 1，取下双电机控制器。

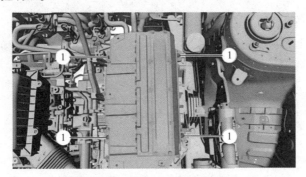

图 3.1-18　拆下双电机控制器

五、更换车载充电机

现在普遍采用集成式车载充电机（OBC），集成了车载充电机、DC/DC、高压配电盒。但内部依然是各个独立的模块。下述介绍的宝来纯电动汽车的高压蓄电池的充电器也就是车载充电机。

1 车载充电机位置布局

维修图解

如图 3.1-19 所示为宝来纯电动汽车车载充电机安装位置。

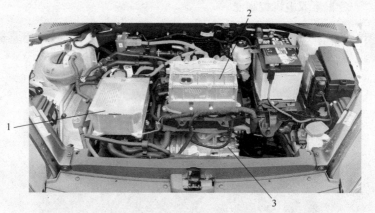

图 3.1-19 宝来纯电动汽车车载充电机安装位置
1—车载充电机；2—电机控制器；3—驱动电机

2 车载充电机拆装零部件

维修图解

如图 3.1-20 所示为宝来纯电动汽车车载充电机拆装零部件。

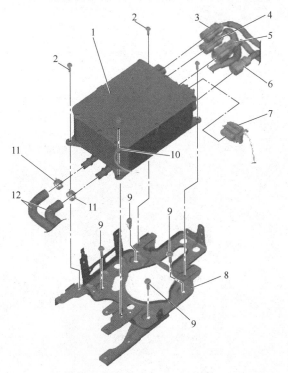

图 3.1-20　宝来纯电动汽车车载充电机拆装零部件

1—高压蓄电池的充电器；2，9—螺栓；3—高电压电缆；4—高压电缆（至电驱动装置的功率和控制电子装置）；5—高压电缆（通往高电压加热装置 PTC）；6—高压电缆（通往电动空调压缩机）；7—车载电网电气插头连接；8—托架；10—电位均衡线；11—卡箍；12—冷却液软管

3 拆卸车载充电机

（1）车辆下电

切断高压系统的电源。

（2）断开插头

如图 3.1-21 所示，断开车载充电机插头。

① 冷却液软管用软管卡箍夹紧，防止冷却液流失。

② 断开电气连接插头，沿箭头 A 方向解锁；脱开电气连接插头（箭头 B 方向）。

③ 向上解锁固定夹，分开高压蓄电池充电插座的高压电缆。

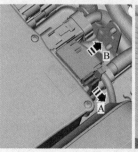 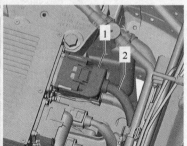

图 3.1-21　断开车载充电机插头

1—固定夹；2—高压电缆

（3）分开高压电缆

如图 3.1-22 所示，向后拉出锁止装置，分开高压蓄电池充电器的高压电缆。

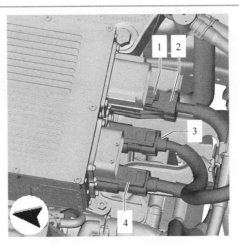

图 3.1-22　断开高压电缆
1—锁止装置（拉出）；2～4—高压电缆

高压电缆插头分离方法如下。

维修图解

如图 3.1-23 所示，分离高压插头。

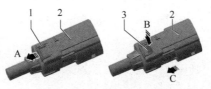

图 3.1-23　分离高压插头
A～C—箭头方向；1—锁止装置；2—高压插头；3—锁止装置（槽口）

① 沿箭头 A 方向拉锁止装置。

② 沿箭头 B 方向按下槽口 3。同时将高压插头 2 沿箭头 C
方向从插头支座中拉出。

（4）拆下等电位均衡线

如图 3.1-24 所示，拧出螺栓，拆下等电位均衡线。

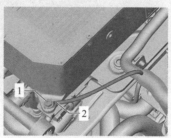

图 3.1-24　拆下等电位均衡线
1—螺栓；2—等电位均衡线

（5）拆下车载充电机

如图 3.1-25 所示，拆下并取出车载充电机。

① 松开卡箍，将冷却液软管从高压蓄电池充电器上拆下。

② 拧出螺栓，向上取出高压蓄电池充电器。

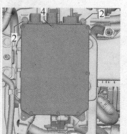

图 3.1-25　拆下并取出车载充电机（高压蓄电池充电器）
1—高压蓄电池充电器上的水管；2—水管（冷却液软管）；3—水管卡箍；4—高压蓄电池充电器固定螺栓

4 安装事项

安装上述车载充电机以其拆卸的倒序进行即可。

六、更换电动压缩机

1 拆卸事项

（1）拆卸外围件及辅助工作

① 拆卸前舱盖板。

② 排空和回收制冷剂。

③ 高压系统下电操作流程。

④ 拆下空调压缩机管路中，然后拆下接地线。

维修图解

如图 3.1-26 所示，拆下压缩机接地线螺栓。

图 3.1-26　拆下压缩机接地线螺栓

（2）拆下压缩机

如图 3.1-27 所示，拆下电动压缩机的螺栓和螺母。

① 断开压缩机总成线束接插件和卡扣。

② 松开压缩机总成螺母，拆下压缩机总成双头螺柱。

③ 拆下压缩机总成螺栓。

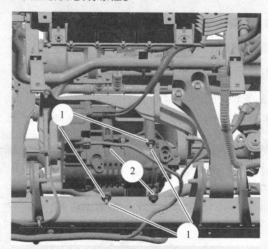

图 3.1-27　拆下电动压缩机的螺栓和螺母
1—螺母；2—螺栓

（3）取出压缩机

如图 3.1-28 所示，取出电动压缩机并分离其隔音棉。

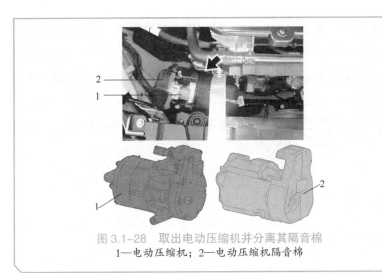

图 3.1-28 取出电动压缩机并分离其隔音棉
1—电动压缩机；2—电动压缩机隔音棉

2 安装事项

安装电动压缩机按其拆卸步骤倒序进行。需要注意的是，安装完毕后，应对压缩机进行等电势检测和绝缘测试。

① 装上电动压缩机，插接压缩机相关管路及线束连接器。

② 电动压缩机等电势检测。

③ 电动压缩机绝缘测试。

④ 进行整车断电上电操作。

⑤ 加注制冷剂。

⑥ 安装前底护板及相关附件。

 **七、更换电加热器**

1 空调系统组成

新能源汽车空调系统和传统发动机汽车一样，用于把汽车车厢内空气的温度、湿度、清洁度及空气流动调整和控制在最佳状态，为乘员提供舒适的乘坐环境，减少旅途疲劳，为驾驶员创造良好的工作条件，是对确保安全行车起到重要作用的装置。根据需求，由鼓风机提供动力源，空气经空调箱后被加热或冷却，从风道吹向风窗或乘客。

维修图解

如图3.1-29所示，新能源汽车空调的暖风系统配置了一个电加热器（PTC），这是一个高压部件，非制冷剂管路部件。暖风系统主要由电动压缩机、内部冷凝器、外部冷凝器、制冷剂集成模块总成、膨胀阀、高低压管路、PTC等组成。

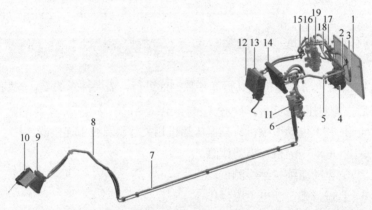

图3.1-29　空调系统

1—外部冷凝器；2—空调管总成-同轴管进口和出口；3—空调管总成-压缩机吸气管；4—电动压缩机；5—空调管总成-前舱蒸发器进出管总成；6—空调管总成-前舱至门槛高低压管；7—空调管总成-门槛内高低压管；8—空调管总成-门槛至后舱空调高低压管；9—后蒸发箱；10—PTC_R（后高压加热器）；11—低压换热器；12—PTC_F（前高压加热器）；13—内部冷凝器；14—前蒸发箱；15—空调管总成-内部冷凝器进出管；16—智能集成阀模块；17—空调管总成-电磁阀至压缩机；18—空调管总成-压缩机高压排气管；19—空调管总成-冷凝器进口和出口

2 拆卸电加热器

（1）电加热器的安装位置

维修图解

空调器拆解零部件如图 3.1-30 所示。

电加热器（PTC）安装于前空调箱上，由 CCU（空调控制单元）根据温度设定通过 CAN 信号来控制加热，由高压电池包提供加热电源。

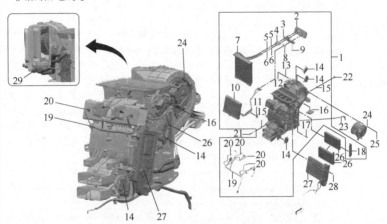

图 3.1-30　空调器拆解零部件

1—空调器（HVAC）总成；2—海绵 - 前空调蒸发箱与防火墙；3—室内冷凝器盖板；4，8—密封垫；5—大 O 形圈 - 蒸发器芯体；6—小 O 形圈 - 蒸发器芯体；7—蒸发器芯体总成带密封条；9，12—螺钉 - 空调壳体；10—内部冷凝器总成；11—室内冷凝器盖板；13—进风口密封垫；14—转角伺服电机；15—螺母；16—内外循环电机；17—蒸发器温度传感器；18—过滤器盖板；19—空调主线束；20—出风口传感器；21，22，28—螺栓；23—排水管；24—无刷电机；25—螺钉；26—滤芯；27—高压 PTC；29—内外循环伺服电机

（2）拆卸事项

① 进行整车断电操作。

② 拆下右前延伸板总成并更换。

③ 拆下乘客侧静音板合件，然后拆卸电加热器。

维修图解

如图 3.1-31 所示，按照下述步骤拆下前空调双区 PTC 加热器。

a. 断开前空调双区 PTC 加热器高压线束插头 3。

b. 断开前空调双区 PTC 加热器控制线束 1。

c. 拆下前空调双区 PTC 加热器 4 个螺栓 2。

d. 拆下搭铁线螺栓 4。

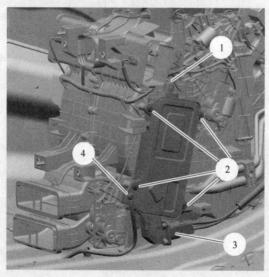

图 3.1-31　拆卸前空调双区 PTC 加热器

3 安装电加热器

安装电加热器按照拆卸的倒序步骤进行，需要注意的是，安装完毕上电后，应对空调系统执行故障诊断仪检查。

① 装上前空调双区 PTC 加热器。

a. 装上前空调双区 PTC 加热器 4 个螺栓 2 并拧紧至 3.5Nm。

b. 连接前空调双区 PTC 加热器控制线束 1。

c. 连接前空调双区 PTC 加热器高压线束插头 3。

d. 装上搭铁线螺栓 4 并拧紧至 3.5Nm。

② 装上右前延伸板总成。

③ 装上乘客侧静音板合件。

④ 进行整车上电操作。

⑤ 使用诊断仪先执行 CCU 空调系统检查操作，再执行 VCU 功能检查。

第二节
驱动总成拆解

 一、从车上拆下驱动总成

在拆装驱动总成（也称电驱总成）的过程中，应注意保护好所有零部件，做好收纳工作，防止零部件被意外损坏。做好驱动总成的支撑与防护，防止拆卸悬置后电动总成跌落，总成装配或拆卸时需注意避免油冷器磕碰产生变形，发现油冷器进出水管有严重变形时（进出水管与本体连接处凸翘），需更换全新的油冷器。比亚迪海豹电动汽车的驱动总成拆卸见图 3.2-1 和图 3.2-2。

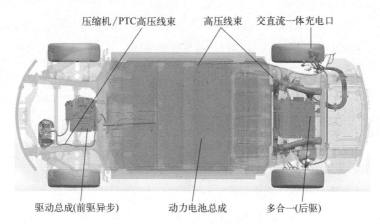

图 3.2-1　驱动总成（四驱）

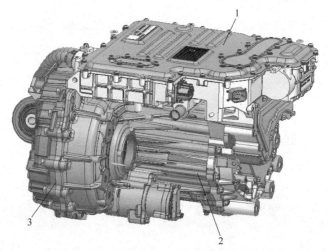

图 3.2-2　驱动总成
1—驱动电机控制器；2—驱动电机；3—变速器

1 拆卸线束

（1）拆卸驱动总成与动力电池之间的线束

维修图解

　　如图 3.2-3 所示，需要用专用工具拆卸电驱总成与动力电池的连接器，只需拆卸直流母线连接器。

图 3.2-3　拆卸驱动总成与动力电池之间的线束

（2）拆卸水管

拆卸电驱总成的冷却水管。

维修图解

　　如图 3.2-4 所示，松开电控进水管卡箍，拆下冷却水管的固定卡扣，即可拆掉进水管。这个电驱总成的冷却水管的拆除还是相对比较简单的。

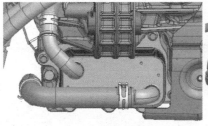

图 3.2-4　拆卸驱动总成的冷却水管

（3）拆卸搭铁线束

拆卸电动总成搭铁线束。

维修图解

如图 3.2-5 所示，将电驱总成上两根搭铁线（电机和电机控制器上各一根）的固定螺栓拆下。

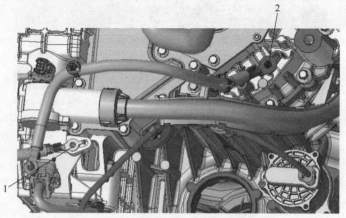

图 3.2-5　电驱总成上的两根搭铁线
1，2—搭铁线

（4）拆卸低压线束

拆卸电驱总成低压线束。

维修图解

如图 3.2-6 所示，将低压线束接插件与电机控制器分离。

图 3.2-6　将低压线束接插件与电机控制器分离

（5）拆卸电动压缩机线束

　　如图 3.2-7 所示，将高压电动压缩机线束接插件与电驱总成分离。

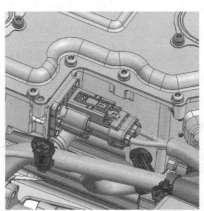

图 3.2-7　将高压电动压缩机线束接插件与电驱总成分离

2 拆卸电驱总成

（1）拆装传动轴

是否拆装传动轴，取决于车型，由各部件连接情况和拆卸作业空间而定。

维修图解

例如比亚迪海豹，之所以拆卸传动轴，是因为受限于整车前舱空间问题，在整车前舱较难将传动轴从差速器花键结合处分开，可优先选择拆除传动轴外端与轮毂的花键连接，使传动轴随着电动总成一起拆下来。传动轴见图 3.2-8。

图 3.2-8　传动轴

（2）拆下电驱总成

拆下电驱总成与车架或者车身之间固定的机座，这时，电驱总成与车辆即可完全脱离。作业过程中，在准备拆卸机座时，就把托架式千斤顶置于电驱总成下边，使其托住电驱总成，以保障作业安全以及便于拆卸后移出电驱总成。

维修图解

如图 3.2-9 和图 3.2-10 所示，拆卸三个驱动总成固定机座的螺栓，使驱动总成与车架分离。

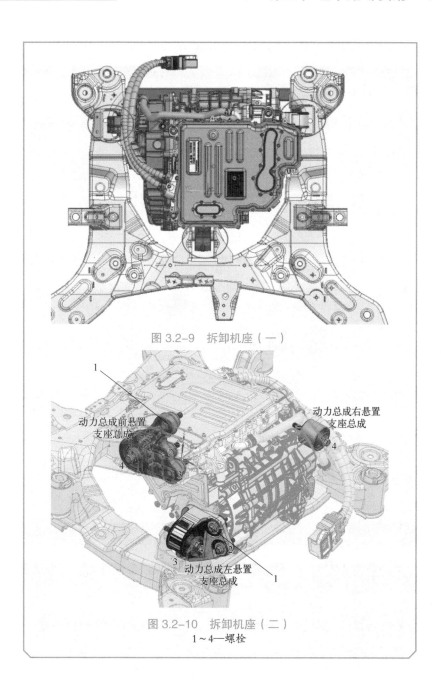

图 3.2-9 拆卸机座（一）

图 3.2-10 拆卸机座（二）
1~4—螺栓

（3）排出驱动总成水道残留冷却液

移出电驱总成后，在拆解电驱总成机体之前需将总成内部残留的冷却液排出。

如图 3.2-11 所示，在驱动电机控制器总成上的进水口处，用气枪对准冷却水道，将水道内的水从出水口排出。

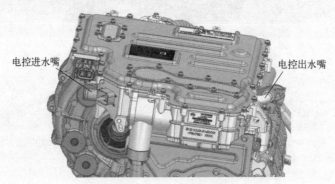

电控进水嘴　　　　　　　　　　　　　　　　电控出水嘴

图 3.2-11　进/出水口

二、拆解驱动电机

1 拆卸和分离电机控制器

① 如图 3.2-12 所示，拆开固定直流母线和 N 线护板的螺栓，拆卸电控小盖，松开三个三相线螺栓及一个 N 线螺栓，松

开电机控制器与变速器连接的螺栓，取下电机控制器。

　　② 松开电机小端盖螺栓，取下驱动电机小端盖，松开接线柱和三相线端子的固定螺栓。

　　③ 拆开后端盖合箱螺栓，分离旋变接插件。

　　④ 拆卸驱动电机控制器并保护进出水口不与驱动电机磕碰，用气枪将进水口和出水口残留的水吹干。

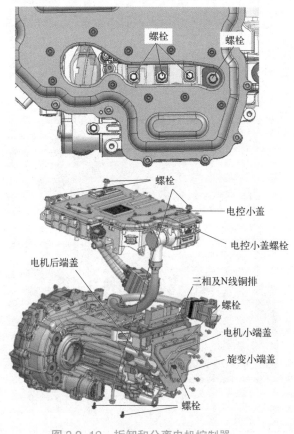

图 3.2-12　拆卸和分离电机控制器

2 拆装三相线和母线

（1）拆卸定子三相引出线

　　拆下如图 3.2-13 所示的固定定子三相引出线的螺栓，即可针对电机本体进行绝缘耐压测试。

　　测试时一端夹住三相中其中一个端子，另外一端夹到驱动电机壳体上。

　　定子引出线铜端子，从左到右相序分别为 U、V、W。

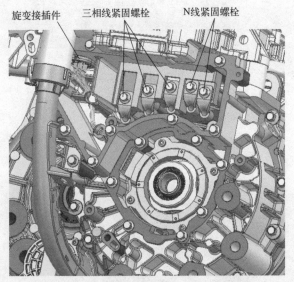

图 3.2-13　拆卸固定定子三相引出线的螺栓

（2）拆卸直流母线

维修图解

拆掉直流母线上盖板合箱螺栓，打开盖板，如图 3.2-14 所示拆除 4 个直流母线螺栓，然后拆除固定直流母线的 1 个螺栓，完成直流母线的拆卸。

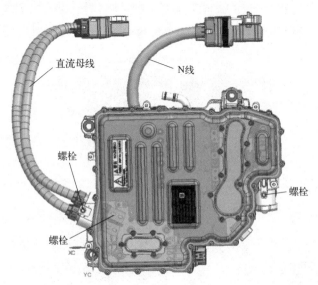

图 3.2-14 拆除 4 个直流母线螺栓

三、拆卸多合一电驱总成

当前，电驱总成高度集成。有些为由车载充电机、直流变换器、高压配电盒、整车控制器、电池管理器组成的电驱控制总成多合一。有些把驱动电机、减速器、电机控制器、高压配电盒、DC/DC、DC/AC、充电机等零部件都集成为一个电驱动总成的多合一。

如图 3.2-15 和图 3.2-16 所示，比亚迪海豹后驱搭载的是集成式智能后驱总成，集成了驱动电机控制器、双向车载充电机、DC/DC 转换器、高压配电盒（PDU）、驱动电机、变速器、整车控制器、动力电池管理器八个大块系统（分总成）/ 部件。其中整车控制器和电池管理器共同组成了动力域控制器（VBM）。

图 3.2-15　集成式智能后驱总成（一）

图 3.2-16　集成式智能后驱总成（二）

1 变速器排油

将集成式智能驱动总成从整车上拆解下来之后要进行变速器润滑油排放。

（1）排出润滑油

维修图解

　　在驱动总成拆卸前，将变速箱体内的润滑油排放干净，再旋上放油螺塞组件，防止在拆卸过程中，异物掉入变速箱腔体内。驱动总成上变速器加、放油螺塞见图 3.2-17。

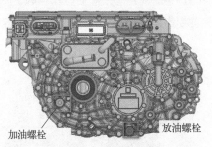

加油螺栓　　　　　　　　　放油螺栓

图 3.2-17　驱动总成上变速器放油螺塞

（2）排出水道残留冷却液

维修图解

　　如图 3.2-18 所示，在进水口用气枪将冷却水道内的水从出水口排出。

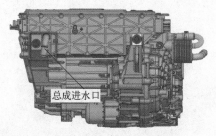

总成进水口

图 3.2-18　集成式智能后驱总成进水口

2 拆卸集成式智能驱控制器

（1）断开油冷器连接管路

如图3.2-19所示，断开变速器上油冷器与控制器水管连接。

① 用水管钳将电控水管与油冷器连接的卡箍拔开。

② 拆下油冷器固定螺栓，取下油冷器，断开电控出水软管的接口。

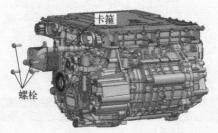

图 3.2-19　拆卸油冷器

（2）断开控制器电气连接

如图3.2-20所示，断开控制器与电机间的电气连接。

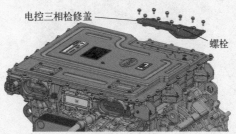

(a) 拆下小盖板

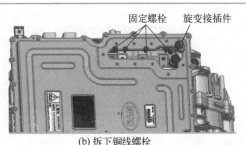

(b) 拆下铜线螺栓

图 3.2-20　断开控制器与电机间的电气连接

① 拆下控制器上盖上电机三相线检修小盖固定螺栓，打开小盖。

② 拆下控制器内部与电机连接铜排上的螺栓。

③ 手深入控制器内，手指按住旋变接插件卡扣，将旋变接插件拔出。

（3）取下电机控制器

维修图解

　　如图 3.2-21 所示，拆下电机控制器的固定螺栓，向上抬取下电机控制器。

图 3.2-21　拆下电机控制器的固定螺栓

扫码观看

本章视频精讲

《《第四章》》

进阶的入门维修

第一节
动力电池拆解维修和装配

 一、动力电池内部结构

电池管理系统即高压蓄电池控制系统，如图 4.1-1 所示的电池管理系统包括 BMU 和电源继电器总成（PRA）等控制模块。系统控制高压蓄电池的 SOC（充电状态）、输出、故障诊断、蓄电池单电池平衡、系统冷却、电能供给和切断。

电源继电器总成由主继电器、预充电继电器、预充电电阻器、蓄电池电流传感器和高压蓄电池加热器继电器组成。通过汇流条连接到蓄电池组。

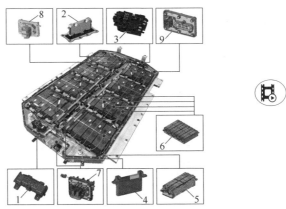

图 4.1-1 动力电池（一）

1—主熔丝；2—蓄电池管理模块（BMU）；3—电源继电器总成（PRA）；4—单电池监测模块（CMU）；5—蓄电池模块总成（BMA）（图 4.1-2）；6—副蓄电池组总成（副BPA）；7—高电压蓄电池前连接器；8—高电压蓄电池后连接器；9—ICCU 高电压连接器

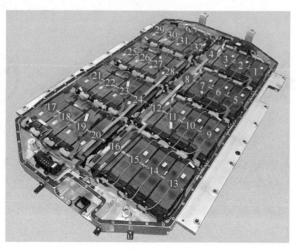

图 4.1-2　动力电池（二）

 二、动力电池管理系统及其功能

1 电池管理系统

　　比亚迪某车型采用的电池管理系统，由电池采样与执行单元（BASU）、BIC、电池采样线组成。电池采样与执行单元安装在电池包内部。

维修图解

　　如图 4.1-3 所示，比亚迪海豹电池采样与执行单元（BASU）位于动力电池内的配电盒（BDU）里面。

图 4.1-3　电池采样与执行单元

（1）BASU 功能

BASU 的主要功能有充放电管理、接触器控制、功率控制、电池异常状态报警和保护、SOC/SOH 计算、通信、电流采样、总电压采样、接触器烧结检测、漏电检测（漏电传感器见图 4.1-4）等。

图 4.1-4　漏电传感器

维修图解

漏电传感器：主要监测与动力电池输出相连接的负极母线与车身底盘之间的绝缘电阻。

如图 4.1-5 所示为比亚迪唐某款车型的动力电池内部的漏电传感器布局。在 5 号模组位置安装了漏电传感器。

图 4.1-5　比亚迪唐某款车型的动力电池内部的漏电传感器布局

（2）BIC 功能

BIC 的主要功能有单体电池电压采样、电池温度采样、电池均衡等。

（3）采样线功能

动力电池采样线的主要功能是连接 BASU、BIC，实现通信及信息交换。

维修图解

如图 4.1-6 所示为比亚迪唐动力电池内部的 BIC 布局和位置。

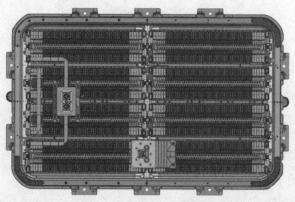

图 4.1-6　比亚迪唐动力电池内部的 BIC 布局和位置

三、动力电池内部的接触器

1 动力电池内部模组

比亚迪唐某款电动汽车的动力电池包由 216 节磷酸铁锂单体电芯组成，每个磷酸铁锂单体电芯的标称电压为 3.3V，共组成了 8 个模组，其标称电压 712.8V。有 1 个漏电传器在 5 号模组，有 16 个采集器、1 条采样线、2 个分压接触器和 1 个负极接触器，见图 4.1-7。

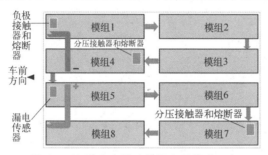

图 4.1-7 动力电池（模组）示意（一）

比亚迪唐某款电动汽车的较低电量动力电池包由 188 节单体电芯组成，每个单体电芯的标称电压为 3.3V，共组成了 7 个模组，其标称电压为 620.4V。有 1 个漏电传器在 5 号模组，有 14 个采集器、1 条采样线、2 个分压接触器和 1 个负极接触器，见图 4.1-8。

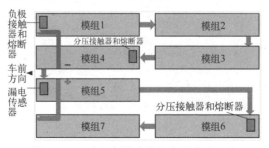

图 4.1-8 动力电池（模组）示意（二）

2 有分压接触器

（1）安装位置

如图 4.1-9 所示，分压接触器安装在动力电池模组内部的正极位置。

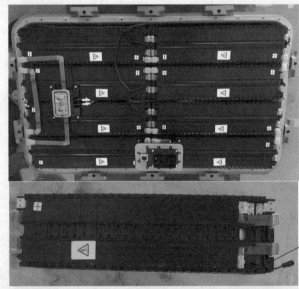

分压接触器

图 4.1-9　分压接触器安装位置

（2）分压

维修图解

　　安装了分压接触器的车型，在分压接触器没有闭合时是测量不到模组正极和负极之间的电压的。如图 4.1-10 所示为分压接触器及安装分压接触器的模组示意。

图 4.1-10　分压接触器及安装分压接触器的模组示意

3 无分压接触器

维修图解

　　在没有分压接触器的动力电池模组中，正极和负极之间可以直接测到电压。如图 4.1-11 所示为无分压接触器的模组示意图。

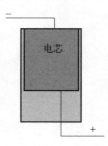

图 4.1-11　无分压接触器的模组示意

四、拆解及检查动力电池

1 拆解检查动力电池模组

（1）动力电池包绝缘检测

所检测的车辆是蔚来 ET5T，动力电池（三元锂离子电池）的容量为 100kW·h，其额定电压为 358V。

① 将兆欧表电压挡设为大于该车的工作电压，兆欧表电压设置为 500V。

② 如图 4.1–12 所示，将兆欧表红表笔连接高压电池包线束接插件 HV+，黑表笔连接前减振器上端，检测绝缘状态并等待 10s。

③ 记录数据，大于 550MΩ 为合格。

④ 采用同样检测方法，将兆欧表红表笔连接高压电池包线束接插件 HV−，黑表笔连接前减振器上端，检测绝缘状态并等待 10s。

⑤ 记录数据，大于 550MΩ 为合格。

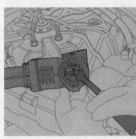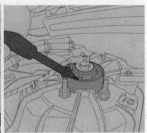

图 4.1–12　动力电池包绝缘检测

（2）拆下铜排

① 拆下动力电池包上盖板。

② 如果冷却系统泄漏，则进行动力电池包冷却液排放，然后拆下铜排。

维修图解

按照图 4.1-13 所示位置编号顺序，拆除 1 ~ 4 号位置铜排和 5、6 号位置铜排。

图 4.1-13　拆除铜排顺序

（3）检查动力电池各模组

维修图解

① 断开后舱整根线束接插件。

② 如图 4.1-14 所示，检查各模组是否变形、漏液、烧蚀，电池包壳体内部是否变形。

图 4.1-14　检查动力电池各模组

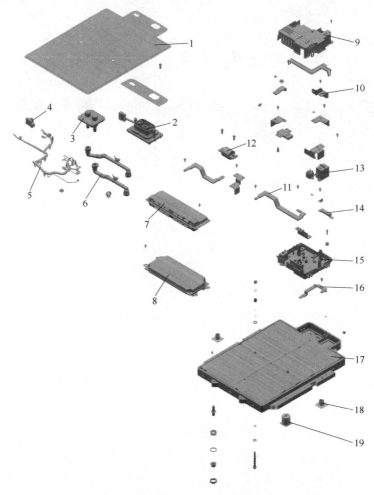

图 4.1-15　拆解动力电池

　　1—动力电池包上壳体；2—压条；3—电源快换连接器电池包端；4—冷却水管快换连接器电池包端；5—压力传感器；6—低压线束；7—水管；8—电芯监测控制器；9—电池管理系统模块；10—电器盒（SBOX）；11—铜排；12—熔断器；13—高压继电器（SBOX）；14—电阻器；15—下壳体（SBOX）；16—软铜排；17—动力电池（动力电池＋箱体）；18—动力电池箱体定位套筒；19—挂载套筒（箱体）

2 拆解和装配动力电池上盖板

（1）拆卸前检测

① 使用故障诊断仪读取电池包数据，包括是否有故障码，电池包电压和温度数据，数据流，标识位等。

② 进行动力电池包整包气密性测试。

（2）拆卸盖板螺栓

① 拆下通孔螺塞。

② 然后拆下上盖板固定螺栓。

维修图解

如图 4.1-15 和图 4.1-16 所示是蔚来汽车搭载的宁德时代的 100kW·h 动力电池。拆下固定水电快换接头的 8 个螺栓；拆下 85 个上盖板固定螺栓。

图 4.1-16　拆卸动力电池快换接头及盖板螺栓

（3）拆卸铜排（电池模组连接件）

拆下 10 个压条，拆下上盖板，检查云母板是否有破损；然后，拆下电池包后端的连接左右两侧模组的软铜排。

① 如图 4.1-17 所示，拆卸软铜排两端的电极保护盖。

② 拆下软铜排两端的 2 个螺栓。

③ 拆下软铜排。

④ 如图 4.1-18 所示，装上软铜排两端的电极保护盖。

图 4.1-17　拆卸电极保护盖及铜排螺栓

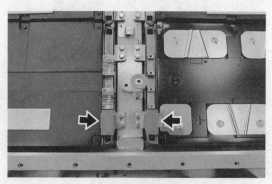

图 4.1-18　装上电极保护盖

（4）检查密封件

检查密封件、缓冲件和支撑件，如果发现有脱胶、破损、断裂、老化、变形、污渍严重无法清理等损坏，需更换新件。

维 修 提 示

带有背胶密封件拆卸后需更换新件，新件安装位置必须与旧件安装位置保持一致。

① 检查中部上盖安装支架上的橡胶密封圈。

② 检查通孔螺塞的橡胶密封圈。

维 修 提 示

粘贴密封圈时，不要用力拉扯密封圈，因密封圈具有弹性，可以变形，用力拉扯会造成密封圈粘贴到最后有过长的情况。

维修图解

如图 4.1-19 所示，检查密封件。

a. 检查和拆装缓冲垫：拆卸时，将缓冲垫底部背胶和缓冲垫一同慢慢撕下。安装时应撕掉缓冲垫背部保护纸，定位在原缓冲垫安装位置。缓冲垫安装位置要错开防爆阀安装位置，不能与防爆阀对齐。

b. 检查和拆装整包密封圈垫：拆卸时，将密封圈垫底部背胶和密封圈垫一同慢慢向一个方向撕下；安装时，先定位好密封圈，在各个拐角处撕掉保护纸，将密封圈各个拐角位置粘好，再向一个方向依次粘好密封圈。

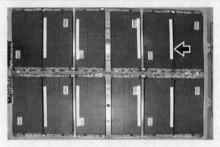

图 4.1-19　检查密封件

③ 检查前舱支撑垫；检查前舱缓冲泡棉。

 维修图解

如图 4.1-20 所示，检查前舱支撑垫。

a. 拆卸时，使用热风枪加热前舱支撑垫，沿着一边慢慢将其撕下。

b. 粘贴支撑垫时，保持双手干净干爽，裸手操作，将支撑垫粘贴在原旧件安装位置。

图 4.1-20　检查前舱支撑垫

（5）安装事项

按照拆卸程序的倒序进行安装即可，但需要注意螺栓紧固顺序。装上上盖板固定螺栓并拧紧到 6Nm。

维修图解

① 将 85 个螺栓用手预紧到下壳体上。

② 螺栓紧固步骤 1，按图 4.1-21 所示顺序拧紧。

③ 螺栓紧固步骤 2，按图 4.1-22 所示顺序拧紧。

④ 螺栓紧固步骤 3，按图 4.1-23 所示顺序拧紧。

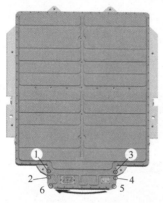

图 4.1-21 紧固步骤（一）

图 4.1-22 紧固步骤（二）

图 4.1-23 紧固步骤（三）

3 电源快换插头的更换

（1）拆卸铜排螺栓

 维修图解

　　如图 4.1-24 所示，这里操作的是蔚来汽车搭载的宁德时代 100kW·h 动力电池包端的电源快换插头（也称连接器）。

　① 拆下电源快换连接器正负铜排的 1 个螺栓和 1 个螺母。

　② 拆下接地铜排的 1 个螺母。

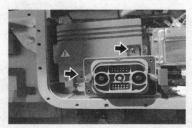

图 4.1-24　拆下电源快换连接器螺栓

（2）断开接插件

 维修图解

　　如图 4.1-25 所示，断开接插件。

图 4.1-25　断开接插件

（3）拆下铜排

维修图解

如图 4.1-26 所示，拆下铜排。

① 撬开线束卡扣，拆下电源快换接插件。

② 拆下 3 个螺栓，拆下连接电源快换正极铜排、连接负极铜排和连接接地铜排。

图 4.1-26　拆下铜排

（4）安装事项

安装时，以拆卸顺序的倒序进行。需要注意的是，在接通高压电前，必须进行高压电部件壳体接地检查，确认高压电部件的装配和连接可靠。

4 冷却水管快换接头的更换

（1）拆卸事项

① 排放动力电池包冷却液，拆下上盖板。

② 拔下水管插头（连接器）。

维 修 提 示

　　当拆卸冷却水管接头－插座端时，若无O形密封圈，为防止冷却液溢出，应用无纺布垫在管路旁做隔离。

维修图解

　　如图4.1-27所示，拔下冷却水管快换连接器上的2个卡扣，并取下冷却水管快换连接器。

图4.1-27　拆卸水管

（2）安装事项

①将冷却水管快换连接器与水管连接。

a.检查水管卡扣处于开启状态。

b.分别将进出水管与水快换接口连接，按下水管后推入卡扣，回拉水管，确保卡扣卡到位。

c.检查水管卡扣是否处于锁止位置。

②执行动力电池包水冷气密检测，装上上盖板。

③加注动力电池包冷却液。

5 电芯监测控制器和电池管理系统的更换

（1）电芯监测控制器的更换

维修图解

如图 4.1-28 所示，拆卸电芯监测控制器。

① 拆下上盖板；拆下电芯监测控制器的 4 个螺栓。

② 断开上部 8 个接插件。

③ 向上翻转电芯监测控制器，断开下部 8 个接插件；拆下电芯监测控制器。

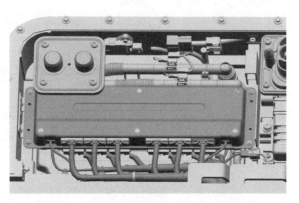

图 4.1-28　拆解电芯监测控制器

（2）电池管理系统的更换

维修图解

如图 4.1-29 和图 4.1-30 所示，电池管理系统（控制器）安装在电芯监测控制器的下方。拆下并取出电芯监测控制器后，便看到电池管理系统（控制器）。

 ① 拆下固定电池管理系统的 4 个螺栓。

 ② 断开 4 个接插件，拆下电池管理系统（BMS）。

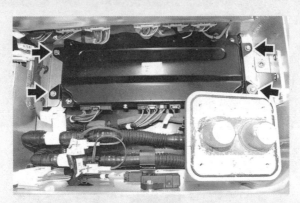

图 4.1-29 拆下固定螺栓

图 4.1-30 断开接插件

（3）安装事项

 安装按照拆卸的倒序进行操作。需要注意的是，在安装接插件时听到咔嗒声，并回拉接插件，确保插入到位。

6 压力传感器的更换

维修图解

如图 4.1-31 和图 4.1-32 所示，拆装压力传感器。

① 拆下压力传感器上的 2 个固定螺栓。

② 断开压力传感器接插件，取下压力传感器。

③ 这个传感器安装比较简单，需要注意的是安装时应确保插头插入到位。

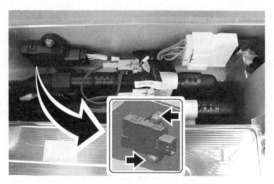

图 4.1-31　拆装压力传感器（一）

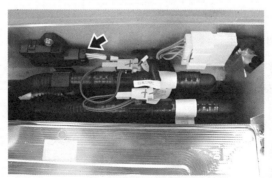

图 4.1-32　拆装压力传感器（二）

7 模组通信线束的拆装

（1）拆卸接插件

维修图解

如图 4.1-33 所示，拆卸接插件。

① 断开与低压线束的接插件，撬开接插件卡扣。

② 断开与模组通信的接插件。

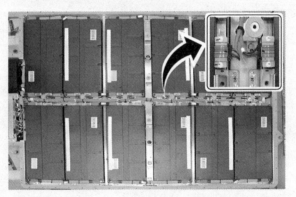

图 4.1-33　拆解模组通信线束

（2）拆下线束

维修图解

如图 4.1-34 所示，拆下线束。

① 剪开扎带，拆下线束。

② 拆下扎带扣并废弃。

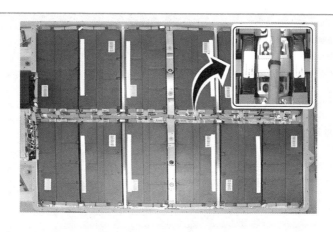

图 4.1-34 拆下线束

（3）安装事项

① 装上新的扎带卡扣。

此卡扣为一次性零件，不可重复使用，安装时须使用新的卡扣。

② 布置线束，连接与模组通信的接插件。

接插件插入时，听到咔嗒声后回拉接插件，确保卡入到位。

维 修 提 示

　　小心对齐后，插入接插件，否则可能会造成 PIN 脚弯曲变形，PIN 脚弯曲变形后，会造成接插件不能轻松插入，此时不能用力插入接插件，应检查 PIN 脚状态，修复后插入。

8 配电盒内部熔断器和继电器的拆装

（1）拆卸配电盒上盖

在前面介绍过，拆下电源快换连接器的螺栓，撬开卡扣，拆下 SBOX 上盖，即可看见配电盒（SBOX），见图 4.1-35。

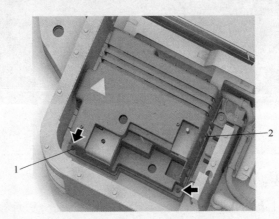

图 4.1-35　拆卸配电盒上盖
1—拆卸螺栓；2—撬开卡扣

（2）拆装熔断器和继电器

　　如图 4.1-36 所示为配电盒（SBOX）的结构。

　　① 检查硬铜排是否有烧蚀，检查配电盒（SBOX）下壳体中镶嵌的螺母是否有烧蚀拉弧，如果有，则需要更换新件。

　　② 更换主正、主负继电器时，不用拆继电器信号采集线紧固螺母，移开铜排即可。

　　③ 安装接插件时，当听到咔嗒声后，回拉接插件确认是否安装到位。

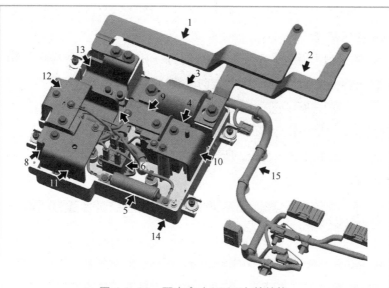

图 4.1-36　配电盒（SBOX）的结构

1—主负铜排；2—主正铜排；3—熔断器；4—主正继电器；5—预充电阻；6—预充继电器；7—电流传感器；8—主负继电器；9—硬铜排（熔断器到主正继电器正极）；10—硬铜排（主正继电器正极）；11—硬铜排（主负继电器正极）；12—硬铜排（主负继电器负极到电流传感器）；13—硬铜排（电流传感器到主负铜排）；14—下壳体；15—模组通讯线束

9 防爆阀的作用拆卸事项

（1）防爆阀作用

防爆阀的根本作用就是预防动力电池的高温引发的燃烧和爆炸事故。

动力电池电芯热失控的根本原因是电芯内部的放热副反应导致热量累积，电芯对外热交换的速率小于热量累积速率，温度持续升高，直至达到着火点温度，引起燃烧和爆炸。

为了预防热失控事故的发生，避免电池包内外部压力的失衡，同时考虑到锂电池在起火时，会瞬间产生大量的有毒气体，需要及时定向地泄压排放气体。

防爆阀作为电池系统预防热失控的一项被动安全防护措施，即可实现上述保持压力平衡和气体定向泄放的要求。

防爆阀之所以能防水和防尘，其结构组件中的核心部件是防水透气膜材，材质为膨体聚四氟乙烯。其材料的孔径大于气体分子直径，但小于灰尘和水分子直径，所以气体能透过膜材，而水和灰尘无法穿透膜材。

知识贴

以活塞弹簧式防爆阀为例，在正常工作状态下，动力电池箱体内外气体通过防爆阀阀体内置的防水透气膜自由流通，气体从压强高的一方流向压强低的一方，即当动力电池箱体内部气体压强大于环境气压时，气体向外排放；当箱体内部气压小于环境气压时，外部气体进入电池包箱体，从而实现内外气压的平衡。此状态下防爆阀起到的是呼吸阀的作用。

当电池包内部的压强远大于环境压强或者内部压强达到防爆阀所设定的爆破值时，属于防爆工作状态。此时动力电池箱体的内部气体压力会顶开防爆阀内置的弹簧活塞杆，气体将通过无障碍通道与外部环境直通，来实现气体的快速排放，从而迅速降低电池包内部压力，防止电池包爆破，此状态为防爆状态。当排气后动力电池箱体内部的气压降至活塞式防爆阀所设定的爆破值以下时，活塞杆退回原始位置，防爆阀立即恢复到正常工作状态（图4.1-37）。

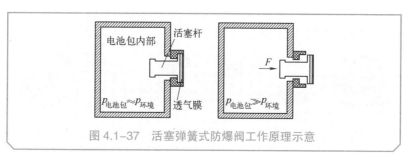

图 4.1-37　活塞弹簧式防爆阀工作原理示意

（2）防爆阀拆卸

防爆阀的拆卸比较简单，拆下防爆阀上的 2 个螺栓即可顺利取下防爆阀。

如图 4.1-38 所示的动力电池共有 7 个防爆阀，电池包两侧各 2 个，后部 3 个。两侧的固定螺栓为六角法兰螺栓，其余为内六角螺钉。

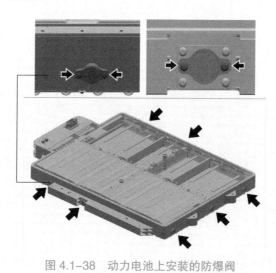

图 4.1-38　动力电池上安装的防爆阀

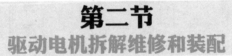

第二节
驱动电机拆解维修和装配

 一、驱动总成机油泵的更换

（1）拆卸事项

① 拆卸护板；排放前驱动单元（即驱动总成或电驱总成）变速箱油。

② 断开电气连接件。

 维修图解

如图 4.2-1 所示，维修的车辆是特斯拉 Model3，断开驱动单元机油泵连接器。

图 4.2-1 断开驱动单元机油泵连接器

③ 拆卸驱动单元机座螺栓。

维修图解

　　a. 如图 4.2-2 所示，在托臂支架与前驱动单元之间放置一块毛巾或者其他软垫。使用托臂支架支撑前驱动单元合适的位置。

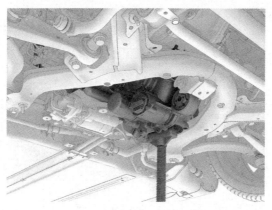

图 4.2-2　托臂支架支撑前驱动单元

　　b. 如图 4.2-3 所示，拆卸驱动单元在车架上的固定机座螺栓。

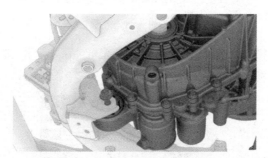

图 4.2-3　拆卸驱动单元在车架上的固定机座螺栓

④ 拆卸机油泵螺栓。

维修图解

如图 4.2-4 所示，支撑托臂到合适位置，拆卸机油泵螺栓。

a. 小心地降下前托臂支架（千斤顶），直至能触及前驱动单元机油泵。

b. 拆卸将前驱动单元机油泵固定到前驱动单元的螺栓。

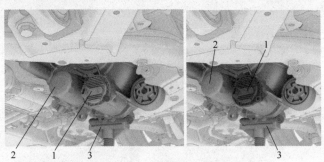

图 4.2-4　拆卸机油泵螺栓
1—机油泵；2—机油滤清器；3—千斤顶

⑤拆下机油泵。

维修图解

a. 将前驱动单元作为支点，撬起机油泵，见图 4.2-4。

b. 拆下前驱动单元机油泵。机油泵见图 4.2-5。

图 4.2-5　机油泵

（2）安装事项

安装驱动单元机油泵以其拆卸的倒序进行操作，需要注意的是，安装时应在机油泵的 3 个 O 形环上薄薄涂抹一层干净的变速箱油，见图 4.2-5。

二、驱动总成机油滤清器的更换

特斯拉 Model3 的机油主要有两种作用，一是给驱动电机降温，二是给变速器润滑。

维修图解

机油滤清器（图 4.2-6）的更换和传统发动机汽车相同，使用机油滤清器扳手拆卸机油滤清器。

在新机油滤清器的 O 形环密封件上薄薄涂抹一层新变速器油，然后将新滤清器安装到前驱动单元上。

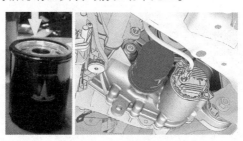

图 4.2-6　机油滤清器

三、驱动总成热交换器的更换

如图 4.2-7 所示为特斯拉 Model3 的热交换器及其安装位置。

图 4.2-7　特斯拉 Model3 的热交换器及其安装位置

（1）拆卸事项

① 拆卸前备厢储物单元。

② 断开 12V 电源，拆卸前流线型护板。

③ 拆卸冷却液管。

　　如图 4.2-8 所示，松开锁片，断开热交换器上的冷却液管；松开冷却液管固定卡子，将冷却液管移至一旁。

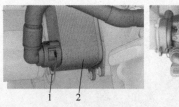
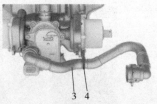

图 4.2-8　拆卸热交换器（一）
1—锁片；2—热交换器；3—冷却液管；4—卡子

　　如图 4.2-9 所示，松开锁片，断开热交换器上冷却液管的连接，然后立即堵住内外接头。

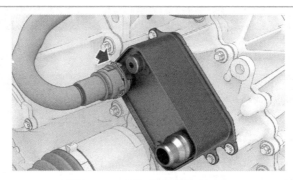

图 4.2-9　拆卸热交换器（二）

④ 拆下热交换器。

维修图解

　　如图 4.2-10 所示，拆卸热交换器的螺栓；从前驱动总成上拆下热交换器。

图 4.2-10　拆卸热交换器（三）

（2）安装事项

　　安装驱动单元热交换器按其拆卸的倒序进行操作。检查冷却液的液位，并按需补充添加。

四、驱动总成油封的更换

（1）拆卸事项

维修图解

如图 4.2-11 所示为小米汽车驱动总成上的半轴油封。

① 拆下前驱动半轴。

② 使用合适的工具拆下半轴油封。

图 4.2-11　小米汽车驱动总成上的半轴油封

（2）安装事项

维修图解

① 安装前驱动半轴（图 4.2-12）。使用油封安装专用工具安装半轴油封。

② 检查确认无泄漏。

图 4.2-12　安装半轴油封

五、拆卸旋变传感器

旋变传感器，汽车维修中通常称为"旋变"，安装在驱动电机的后端壳处，旋变传感器及其安装位置见图 4.2-13 和图 4.2-14。

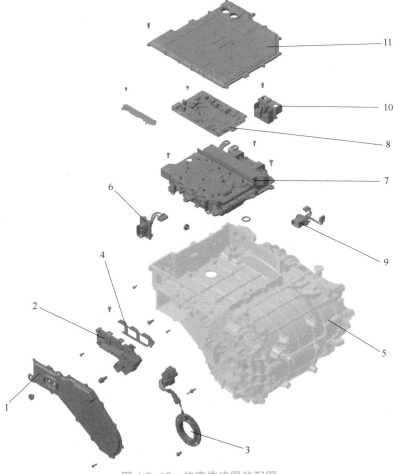

图 4.2-13　旋变传感器装配图

1—接线端子盖板；2—AC 铜排；3—旋变定子总成；4—散热片；5—驱动电机；6—低压连接器线束总成；7—功率模块；8—控制板总成；9—CB 至电机线束；10—高压接插件底座；11—上盖板

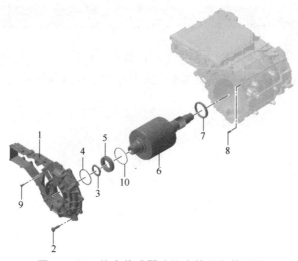

图 4.2-14　旋变传感器（旋变转子）装配图

1—电机端盖；2，9—电机后端盖螺栓；3—旋变转子；4—波形弹簧（弹簧圈）；
5—轴承；6—转子；7—油封；8—定位销（后端盖至主壳体）；10—O 形圈（密封圈）

维修图解

电动汽车驱动电机的旋变传感器也就是旋转变压器，其实它就是个非常小的交流电机，如图 4.2-15 所示，旋变传感器分为旋变定子和旋变转子两大部分。

图 4.2-15　旋转变压器

1—旋变转子；2—旋变定子

（1）拆下驱动电机后端盖板

① 拆下后电驱动系统机座。

② 用立式千斤顶（托架）支撑电驱动系统，使其作业空间位置便于下一步拆卸端子盖板螺栓。

维修图解

如图 4.2-16 所示，拆下驱动电机后端盖板（接线端子盖板）上的 12 个螺栓并废弃，取下接线端子盖板。

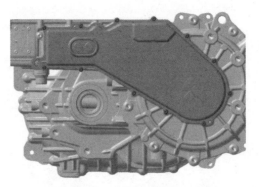

图 4.2-16　拆卸驱动电机后端盖板

（2）拆下旋变传感器（定子）

维修图解

如图 4.2-17 所示，断开旋变定子上的 2 个线束接插件，断开 1 个线束扎带；拆下旋变定子上的 4 个螺栓并废弃，取下旋变定子。

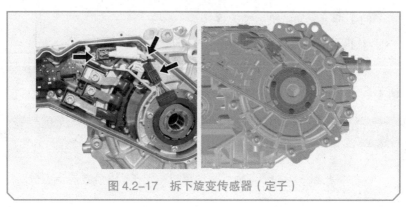

图 4.2-17　拆下旋变传感器（定子）

（3）拆下旋变传感器（转子）

维修图解

如图 4.2-18 所示，使用合适的专用拉具拆下旋变转子。

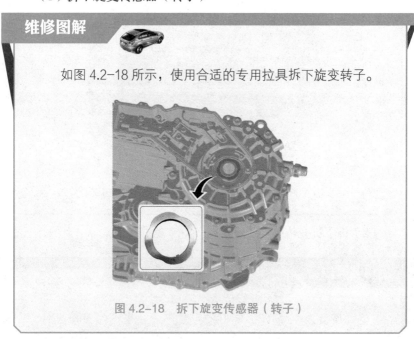

图 4.2-18　拆下旋变传感器（转子）

（4）安装旋变传感器（转子）

安装旋变转子前，需注意带有三角符号的安装面朝外侧进行安装。需检查旋变转子外观是否有撬边。

维修图解

　　使用热风枪对旋变转子进行加热（温度约为 120℃），使其热胀，便于放入转子轴上。

　　如图 4.2-19 所示，使用专用工具，把旋变转子压装到底。压装时可使用橡胶锤敲击压装专用工具，力度不宜过大，避免损坏电机内部零件。

图 4.2-19　安装旋变传感器（转子）

（5）安装旋变传感器（定子）

　　更换新的旋变定子，需要使用故障诊断仪执行"永磁电机旋变初始角自学习"。

扫码观看

本章视频精讲

《《第五章》》
深度的入门维修

本章视频

第一节
学看新能源电路图

一、高压线路运行原则

1 高压双线制原则

电动汽车高压部件一般有动力电池、驱动电机、充电机、控制器、电动空调压缩机等。由于高压部件的功率都比较大，为保障系统安全工作、无漏电（这样就衍生出一个必须学习的内容，就是后边要讲到的一个非常重要的概念"等电位"），高压电气系统均采用双线制。

维修图解

也就是电流从电源的正极出发，通过一根导线到用电设备，再由另一根导线到电源负极所构成的回路。

电源的负极不是连接在车架上的，而是随正极连接到用电设备上。不用车架金属结构作为电气回路的一部分，不参与构成电气回路。

这样，电源到用电设备之间就必须有两根导线，即双线制电路（图 5.1-1）。

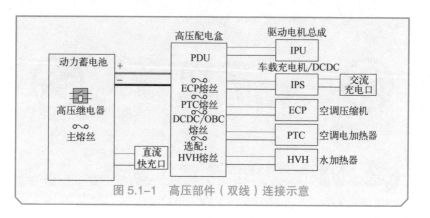

图 5.1-1　高压部件（双线）连接示意

维修图解

　　虽然电动汽车的动力来源于高压电，但整个汽车的控制模块和控制线路仍是低压电，所以，高压动力受控于低压控制电路，见图 5.1-2。

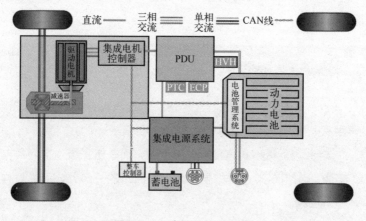

图 5.1-2　高压及控制示意

2 高低压分离原则

新能源汽车电路是将高压和低压线束分离成两套电网系统，避免将高压系统产生的电磁干扰影响低压系统，保证低压系统通信、控制信号的正常工作。在高压系统中，分直流和交流两种类型，高压及控制示意见图 5.1-2。

维修图解

在低压系统中，线路依然是单线制原则，低压电路是从电源到用电设备只用一根导线连接，另一根导线是金属车身代替，从而构成回路。

如电路图 5.1-3 所示，蓄电池的负极必须接在车身上，喇叭与车身连接的位置（点）就是搭铁。

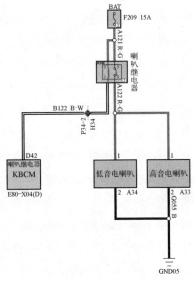

图 5.1-3 低压电路

二、高压电路及电路图

1 高压线路和电路图特点

（1）高压线路特点

维修图解

　　电动汽车高压线路最大特点是高压部件之间线路由橙色导线连接，独立布线，走向明确。

　　高压线路见图5.1-4。

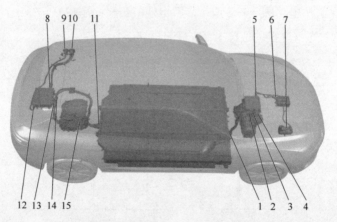

图 5.1-4　高压线路

1—动力电池（前端）；2—动力电池（前舱高压盒 PDU）；3—前电机（前电机端）；4—前电机（前舱高压盒 PDU）；5—压缩机（前舱高压盒 PDU）；6—加热 PTC 总成；7—压缩机；8—快充接口（车载充电机三合一端）；9—慢充接口；10—快充接口；11—动力电池（后端）；12—慢充接口（车载充电机三合一端）；13—后电机（三合一端）；14—动力电池（车载充电机三合一端）；15—后电机

（2）高压电路图特点

维修图解

　　电动汽车高压电路图中的电路简单明了，导线颜色通常呈橙色，电路路径直观。高压电路见图 5.1-5。

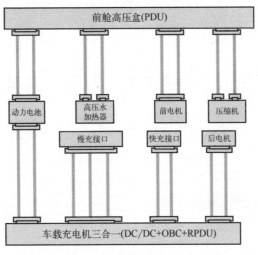

图 5.1-5　高压电路

2 小米汽车电路图

（1）电路图识读（图 5.1-6）

① 零件名称、零件的结构码和位置码。

② 针脚的功能定义。

③ 零件：虚线框表示该零件还有其他针脚 / 接插件未体现。

④ 零件插头号。

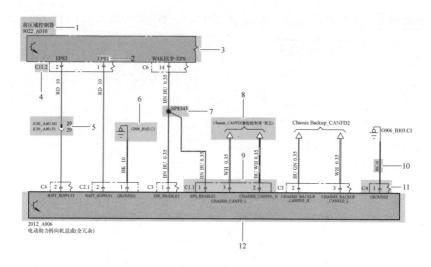

图 5.1-6　小米汽车电路图样图

⑤ 线束连接器的连接器号。

⑥ 接地点信息。

⑦ 导线分支压线点：表示多根导线是相互压接、互相导通的关系。

⑧ 参见指向线路系统。

⑨ 连接器实现框：表示被连接针脚属于同一个连接器，且该连接器上的针脚已全部体现。

⑩ 导线颜色和线径。

⑪ 连接器虚线框：表示被连接针脚属于同一连接器，而该连接器还有其他针脚未体现。

⑫ 零件：实线框表示该零件的所有针脚已全部体现。

（2）电气元件符号（表 5.1-1）

表 5.1-1 电气元件符号

序号	元件符号	说明	序号	元件符号	说明
1	M	电机	12		零件：实线框表示该零件的所有针脚已全部体现
2		传感器	13		零件：虚线框表示该零件还有其他针脚/接插件未体现
3		发光二极管	14		导线分支压线点，所有支线都体现
4		控制模块	15		导线分支压线点，有部分支线未体现
5		摄像头	16		连接器实现框，表示被连接针脚属于同一个连接器，且该连接器上的针脚已全部体现
6		天线	17		连接器虚线框，表示被连接针脚属于同一个连接器，而该连接器还有其他针脚未体现
7		开关	18		参见指向线路系统
8		扬声器	19		电磁阀
9		加热器	20		喇叭
10		线束连接器号	21		仪表
11		接地点（搭铁）			

（3）直流快充电路图

小米汽车充电系统采用交流充电和直流充电两种方式，主要由交直流充电座、集成式充电单元、高压线束组成。集成式充电系统（CCU）包括 OBC（车载充电机）和 DCDC 转换器两个部分，其具功能如下。

① 将电网的 220V 交流电转换成高压直流电给动力电池充电。

② 将高压直流电转换成低压直流电，给整车低压负载及蓄电池供电。

③ 动力电池往外放电，通过直流－交流转换，对外输出 220V 交流电。

维修图解

a. 直流充电原理框图见图 5.1-7。

直流充电插枪后，BMS 接收到充电桩就绪的信号，同时根据相关信号判断挡位、车辆状态等符合充电启动条件后车辆开始充电。BMS 根据中控显示屏或远程 App 中设置的充电时间、电流大小等信息进行充电控制。BMS 与充电桩通过 CAN 线进行实时通信，实时调整充电功率。在充电过程中会根据事件状况启动相应的响应机制，例如启动热管理系统，对动力电池进行散热或者加热等。

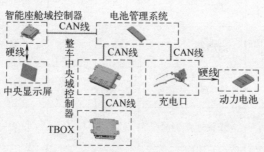

图 5.1-7　直流充电原理框图

维修图解

b. 直流快充电路图：国标交直流组合式充电插座（400V）电路见图 5.1-8，部件连接见图 5.1-9。

400V 高压系统充电时，充电桩电压通过充电口总成 C1 至快充接口 C8 直接送入动力电池。动力电池达到设定的目标 SOC 或收到充电结束请求时终止充电。

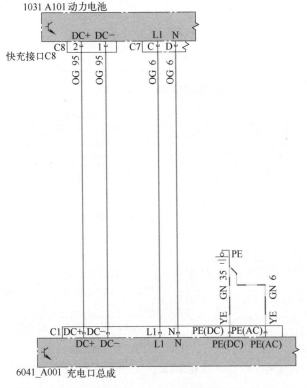

图 5.1-8 国标交直流组合式充电插座（400V）电路

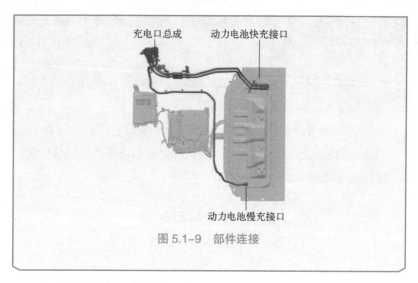

图 5.1-9　部件连接

（4）常用电气元件缩略语名称（表 5.1-2）

表 5.1-2　常用电气元件缩略语名称

部件名称	缩略语	英文全称
空调电压缩机	ACCM	air condition compressor module
安全气囊控制器	ACU	airbag control unit
自动驾驶域控制器	ADD	autonomous driving domain
前进气格栅控制器	AGS	active grill system
副仪表板杯托氛围灯 A	ALMCB	ambient lamp module console A
副仪表板杯托氛围灯 B	ALMCS	ambient lamp module console B
副仪表板储物盒氛围灯	ALMDFLA	ambient lamp module console storage
前左门板氛围灯前	ALMDFRA	ambient lamp module door panel front left
前右门板氛围灯前	ALMDRLA	ambient lamp module door panel front right
后左门板氛围灯前	ALMDRLA	ambient lamp module door panel rear left
后右门板氛围灯前	ALMDRRA	ambient lamp module door panel rear right

续表

部件名称	缩略语	英文全称
左前脚部空间灯	ALMFFL	ambient lamp module footwell front left
右前脚部空间灯	ALMFFR	ambient lamp module footwell front right
左仪表板氛围灯	ALMIPTL	ambient lamp module IP top left
右仪表板氛围灯	ALMIPTRR	ambient lamp module IP top right
功放控制器	AMP	amplifier
集成方向盘控制器	ASWM	assemble steering wheel module
前电机控制器	FEDS	front electric drive system
前向远视摄像头	FLRC	front long range camera
前激光雷达	FLRL	front long range lidar
左前毫米波雷达	FLSR	front left side radar
右前毫米波雷达	FRSR	front right side radar
左激光雷达	LSL	left side lidar
左环视摄像头	LSVC	left surround view camera
左区域控制器	LZCU	left zone control unit
麦克风	MIC	microphone
NFC 进入控制器	NEM	NFC entry module
内顶灯控制器	OHC	over head console
PM2.5 传感器	PMSI	airborne particulate matter sensor indoor
后电机控制器	REDS	rear electric drive system
尾灯控制器	RLCM	rear lamp control module
后向远视摄像头	RLRC	rear long range camera
惯导控制器	IMU	inertial measurement unit
光雨量传感器	RLS	rain light solar sensor
左后毫米波雷达	RLSR	rear left side radar
右后毫米波雷达	RRSR	rear right side radar
右周视前向摄像头	RSCF	right side camera front
右激光雷达	RSL	right side lidar
右周视后向摄像头	RSCR	right side camera rear
右环视摄像头	RSVC	right surround view camera
右区域控制器	RZCU	right zone control unit
区域控制器	ZCU	zone control unit
制动主控制器	BCP	break controller primary
制动次控制器	BCS	break controller secondary

部件名称	缩略语	英文全称
电池回路三通比例阀	BCTV	battery circuit three-way valve
电池回路水泵	BCWP	battery circuit water pump
电池回路电子膨胀阀	BEXV	battery electric expansion valve module
BLE 蓝牙天线 A	BLEA	bluetooth low energy A
蓝牙主节点	BLEM	bluetooth low energy module
12V 主电池控制器	BMDM	battery management device main
动力电池控制器	BMS	battery management system
后环视摄像头	BSVC	back surround view camera
集成充电控制器	CCU	charge convert unit
冷凝器回路电子膨胀阀	CEXV	condenser electric expansion valve module
充电指示灯	CLM	charging lamp module
充电口控制器	CLID	charge lid
中控屏	CIDM	central infortaiment display module
座舱域控制器	DCD	digital cockpit domain
驾驶员监测摄像头	DMSC	driver monitor system camera
电机回路多通水阀	ECMV	e-motor circuit multi-way valve
电子膨胀阀（蒸发器）	EEXV	electrical expansion valve（evaporator）
电子助力转向系统	EPS	electrical power steering
电子收费系统	ETC	electronic toll collection
前视中心摄像头	FCC	front center camera
前环视摄像头	FSVC	front surround view camera
前向宽距摄像头	FWRC	front wide range camera
前区域控制器	FZCU	front zone control unit
左前大灯控制器	HCML	headlamp control module left
右前大灯控制器	HCMR	headlamp control module right
采暖回路水泵	HCWP	heater circuit water pump
空调风门电机 A	HFAFA	hvac flap actuator front A
空调风门电机 B	HFAFB	hvac flap actuator front B
高压加热器	HVCH	high voltage coolant heater

续表

部件名称	缩略语	英文全称
前向毫米波雷达	LRR	long range radar
左周视前向摄像头	LSCF	left side camera front
电控悬架控制器	SCU	suspension control unit
方向盘管柱开关控制器	SWM	steering switch module
方向盘按键控制器	SWS	steering wheel switch
远程信息控制器	TBOX	telematics box
后区域控制器	TZCU	tail zone control unit
超声波雷达	USS	ultra sonic sensor
车身中央域控制器	VCCD	vehicle central control domain
挡风玻璃抬头显示控制器	WHUD	windshield head up display
无线充电	WPC	wireless power charger

3 蔚来汽车电路图

（1）电路图识读

① 电路图识读见表 5.1-3。

表 5.1-3 电路图识读

项目/组成	说明/内容	电路图
导线	电路图中的导线以彩色线条绘制并标有颜色和线径。导线的线径使用数字表示，如 0.35、0.5、0.75 等（单位为 mm^2），导线的颜色一般使用 2 位字母表示，如 YE 表示黄色线。如果是双色导线，则使用两个颜色组合表示，且中间使用"/"符号隔开，前为主色，后为副色，如 BU/GN 表示蓝色/绿色	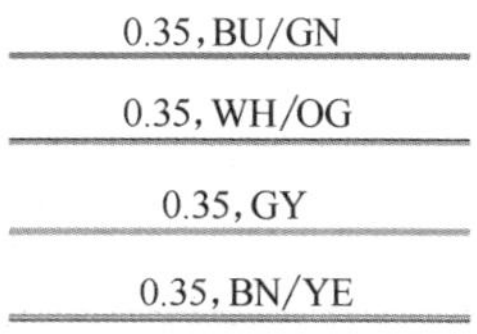 0.35, BU/GN 0.35, WH/OG 0.35, GY 0.35, BN/YE

续表

项目/组成	说明/内容	电路图
接插件/连接器	各线束端接插件的名称、颜色、端视图及针脚说明 接插件针脚定义：接插件编号统一标注于针脚的上端，用虚线连接的接插件表示这些插件属于同一个接插件，如右图所示，其中的 MAIN44 和 FL01 为接插件编号（MAIN 代表主线束，FL 代表左前门线束）	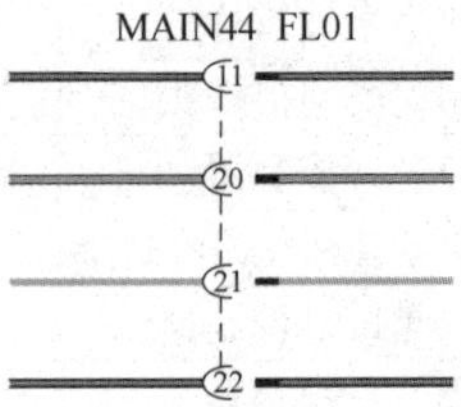 MAIN44 FL01 1 20 21 22
电气件	电气元件以方框代表，实线框表示该电气元件在本张电路图中已经绘制完全，虚线框则代表此电气元件并非在本张电路图中绘制完全，部分将绘制于其他图中。所有电气元件名称都标注于方框上方	表示"左前雾灯"已经完全绘制 左前雾灯 Lamp–FRT FOG LH FB03 供电 Power 搭铁 GND FB03 表示"转向柱模块"在本图中并没有完全绘制出，"转向柱模块"在其他图中还会出现 转向柱模块 SCM IP13 底盘CAN低 Chassis CAN–L 底盘CAN高 Chassis CAN–H
熔断器	车辆所有电气盒中熔丝、继电器的位置、规格及功能	 预熔断器 Pre Fuse Box PF03 200A UH08 B+ PF02 200A UC02 PF04 200A TC01
接地点	集中绘制了车辆上共用各接地点的回路，了解车辆的接地情况	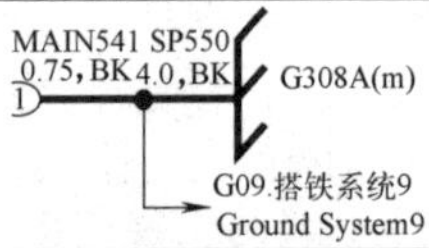 MAIN541 SP550 0.75,BK 4.0,BK G308A(m) G09.搭铁系统9 Ground System9
定位图	表示接插件的位置信息，通过三维透视图标示各接插件和接地点在整车的位置 定位图中接插件显示为绿色，线束显示为蓝色，其中半透明线表示在覆盖件下方	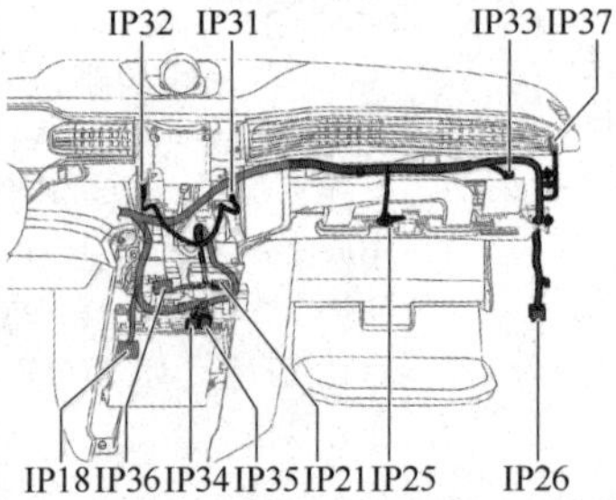 IP32 IP31 IP33 IP37 IP18 IP36 IP34 IP35 IP21 IP25 IP26

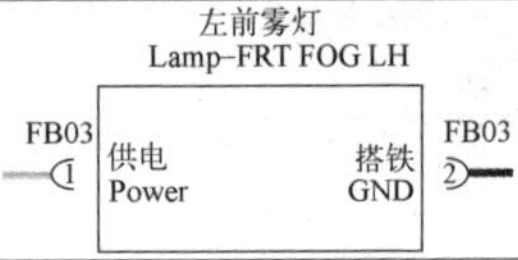

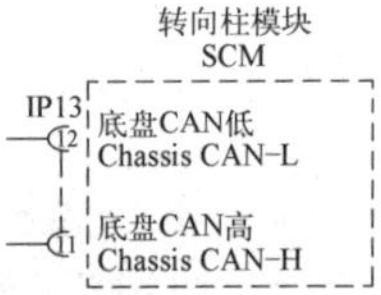

续表

项目 / 组成	说明 / 内容	电路图
熔丝	熔丝符号	
搭铁	搭铁号码后（m）表示多线搭铁点；（s）表示单线搭铁点	
屏蔽线	屏蔽线符号	
双绞线	双绞线符号	
继电器	继电器符号	
直列式接插件	直列式接插件符号	母端 公端
连续	连续符号	
环形端子	环形端子符号	
线路中的压合点	线路中的压合点符号	SP1433
CAN 线	CAN 符号	

② 电路图例举一：电池管理系统电路图。

维修图解

　　蔚来汽车电路图包含常用总系统电路图及子系统电路图。电路图结构部件比较清晰，如图 5.1-10 所示，图中从左到右依次为电源、熔丝 / 继电器、用电设备、接地,形成完整的电器回路。

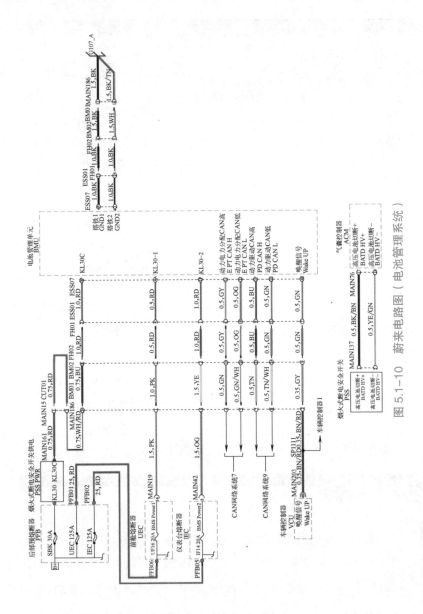

图 5.1-10 蔚来电路图（电池管理系统）

③ 电路图例举二：高压配电盒高压连接电路见图 5.1-11。

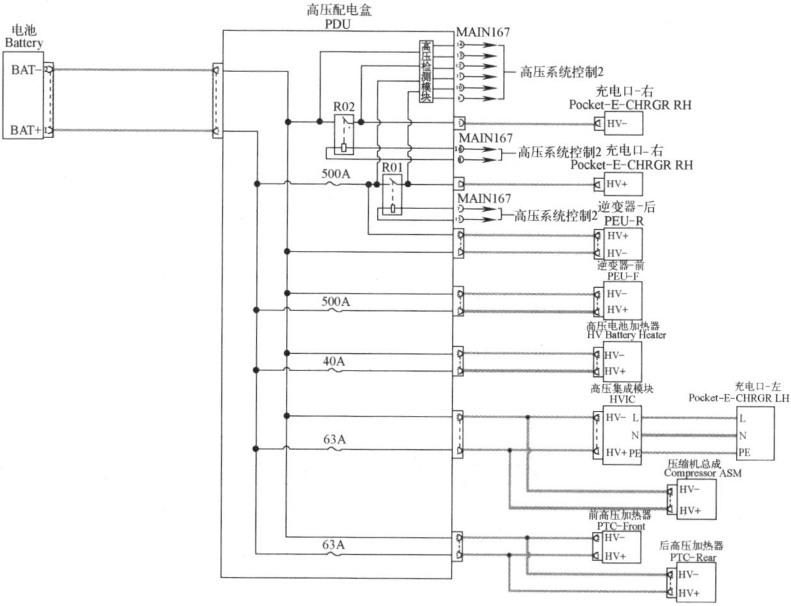

图 5.1-11 高压配电盒高压连接电路

（2）蔚来汽车高压系统缩略语名称（表 5.1-4）

表 5.1-4 蔚来汽车高压系统缩略语名称

英文缩写	部件名称	英文缩写	部件名称
HVH	高压电池加热器	VCU	车辆控制器
ESS	储能系统	BMS	电池管理系统
EDS	电驱系统	BMU	电池管理单元
PEU	逆变器	PEU_F	前功率电子控制单元
DC/DC	直流交换器	PEU_R	后功率电子控制单元
OBCM	车载充电机	CCU	空调控制单元
PTC	高压加热器	SOC	充电状态
HVIC	高压集成件	IC	数字仪表显示屏
HVC	压缩机总成	ESG	驱动噪声发生器
PTC_F	前高压加热器	ECO	节能模式
PTC_R	后高压加热器	PFB	预熔断器

4 理想汽车电路图

（1）线束特点

理想汽车的线束与实际车辆中线束颜色一致。线色分为单色和双色，单色表示线束只有一种颜色，即在电路图中用一个字母表示（如白色，W）；双色表示线束有两种颜色，用两个字母表示（如白黑，W/B），其中，第一个颜色表示主色，颜色基本占导线全色的 2/3，剩下的是副色。

（2）电路图识读

理想汽车的电路图排布合适，易识别，线路布置和走向清晰，电气件标注明确。

维修图解

理想汽车的电路图整体上分为上、中、下三个部分来识别，见图 5.1-12；具体电路图识读见电路图 5.1-13。

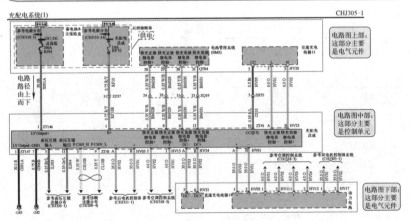

图 5.1-12　理想汽车电路图（一）

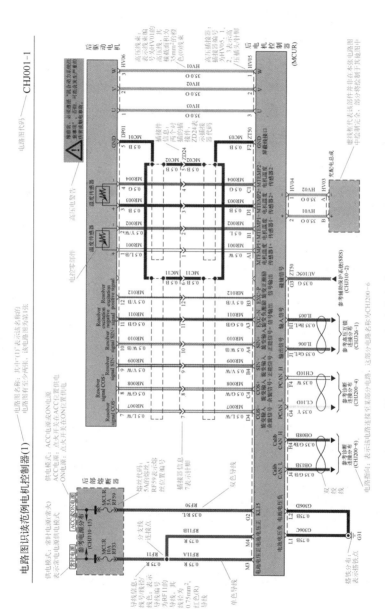

图 5.1-13 理想汽车电路图（二）

（3）高压互锁电路图

新能源汽车高压系统互锁回路，通常简称高压互锁。

电池管理系统通过低压电路，将高压互锁回路内的全部高压部件及高压部件导线连接器进行串联，使之成为一个完整的闭合回路。如果高压互锁回路中的高压部件导线连接器没有插接到位，有松动、损坏的情况，BMS 就会监测出高压互锁回路出现异常，车辆将会故障警告或无法上电。

维修图解

如图 5.1-14 所示，图解了完整的高压互锁回路。

高压互锁信号从电池管理系统 BMS 发出，从 QT04/9 → EN11/4 → EN11/3，将双电机控制模块接入互锁回路。

通过双电机控制模块的 EN11/3 输出，通过 QT36/1 → QT36/2 将前空调 PTC 接入互锁回路。

通过前空调 PTC 的 QT36/2 输出，通过 ZT41/5 → ZT41/11 将充配电总成接入互锁回路。

通过充配电总成的 ZT41/11 输出，通过 ZT161/5 → ZT161/4 将空气 PTC 接入互锁回路。

通过空气 PTC 的 ZT161/4 输出，通过 ZT50/H1 → ZT50/J1 将后电机控制器 MCUR 接入互锁回路。

最后通过电机控制器 MCUR 的 ZT50/J1 高压互锁输出，然后通过电池管理系统 BMS 的 QT04/8 又返回到电池管理系统 BMS，这样就形成了完整的高压互锁回路，从而对高压系统进行监测。

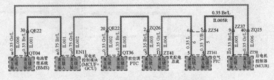

图 5.1-14　高压互锁电路

5 小鹏汽车电路图

（1）电器盒

小鹏汽车有两个电器盒中心，即前舱电器盒与仪表电器盒，电器中心盖上标有各熔丝与继电器的容量和名称；前舱电器盒熔丝用 FF×× 表示，继电器用 FR×× 表示，仪表电器盒熔丝用 IF×× 表示，继电器用 IR×× 表示（其中 ×× 表示序号），见图 5.1–15。

（2）熔丝上的电源

30（B+）：蓄电池常电源。

IG1：启动开关处于"ON"挡时 IG1 继电器的电源输出。

IG2：启动开关处于"ON"挡时 IG2 继电器的电源输出。

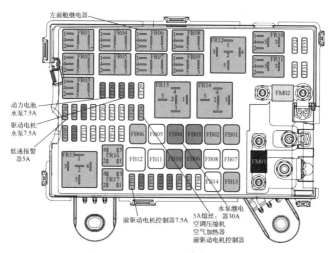

图 5.1–15　前舱电器盒

（3）线束和插头

电气部件端线束插头：电路图中的线束插头编号规则以线束代码为基础。车身线束中的插头 BD01（插头直接到电气设备），其中 BD 为线束代码，插头序列号从 01 开始，线束代码见表 5.1–5。

表 5.1-5　线束代码

线束代码	线束名称	线束代码	线束名称
B	前保险杠线束	HV	高压线束
FB	前舱线束	FL	左前门线束
IP	仪表线束	FR	右前门线束
BD	车身线束	RL	左后门线束
RB	后保险杠线束	RR	右后门线束
TG	后尾门线束		

对接插头：线束对接插头 IPBDL2-2，其中 IPBD 表示从仪表线束接到车身线束插头，L2 为车身左侧的第二个（L 为左，M 为中，R 为右），-2 表示对接插头针脚，且所有线束对接插头都是以线束代码开头。

维修图解

如图 5.1-16 所示为线束与线束之间的插头对接关系，圆弧凸起方向的一端为母端。

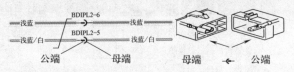

图 5.1-16　线束与线束之间的插头对接关系

（4）导线颜色

导线颜色代码见表 5.1-6。

表 5.1-6　导线颜色代码

代码/缩写	线路颜色	示图	代码/缩写	线路颜色	示图
R	红		G	绿	
B	黑		LG	浅绿	
S	灰		K	粉红	
U	蓝		N	棕	
LU	浅蓝		W	白	
P	紫		Y	黄	
O	橙				

（5）小鹏汽车高压系统缩略语名称（表5.1-7）

表5.1-7 小鹏汽车高压系统缩略语名称

英文缩写	部件名称	英文缩写	部件名称
SCU	智能控制器	BMS	电池管理系统控制器
GW	网关控制器	IPU	电机控制单元
ICM	组合仪表	PTC	加热器
PEPS	智能进入 / 无钥匙启动系统	ACP	空调压缩机
AVAS	低速行驶提示器	VCU	整车控制器

（6）电路图识读

电路图中元件及图标：电路图中的电气元件及图标见表5.1-8。

表5.1-8 电路图中的电气元件及图标

序号	元件符号	说明
1		不可拆式导线连接（通常在线束内部使用）
2		可拆式导线连接
3		部件内部导线连接（不可拆）
4		部件的连接器连接
5	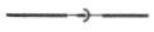	线束的连接器连接
6		公连接器
7		母连接器
8		公连接器与母连接器对接，芯脚号不同，在电路图中的表现方式
9		交叉导线，在交叉处无接合
10		双绞线（缠绕在一起的导线）
11		屏蔽线（防止受到其他设备电磁干扰的一种措施）
12	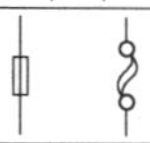	熔丝（一个金属薄片，当通过电流过大时会熔断，可以阻止电流通过，防止电路受损）
13	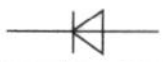	二极管（只允许电流单向流通的半导体）

续表

序号	元件符号	说明
14		发光二极管（又称 LED；使用电流发光，但发光时不产生热量）
15		灯泡（电流流过灯丝，使灯丝变热并发光）
16		开关（打开或闭合电路，可允许或阻断电流通过）
17		麦克风（将声音信号转换为电信号的能量转换器件，也称话筒）
18		油压开关（油压控制的开关，部件直接接地）
19		电机（将电能转换为机械能）
20		继电器（一般指由电子控制的开关，电流流经线圈，产生磁场，可打开或闭合附接的开关）
21		双掷继电器（一种电磁线圈，可在电流流过时产生磁场，用于移动金属柱塞等）
22		电磁阀（一种电磁线圈，可在电流流过时产生磁场，用于移动金属柱塞等）
23		电容（临时储存电压的小型存储单元）
24		扬声器（电流通过，产生声波的电气装置）
25		电阻(带有固定阻值的电气元件,可将电压降到规定值)
26		可变电阻（一种带有可变电阻额定值的可控电阻器，也被称为分压器或变阻器）
27		电子控制器
28		蓄电池（存储化学能，并将其转换成电能，为车辆的各种电器部件提供直流电）

维修图解

　　小鹏汽车电路图中包括所在电器盒的熔丝和继电器所在的电器盒信息、控制单元安装位置、接地点安装位置、对接插头安装位置、线束插头针脚定义等，如图 5.1-17 和图 5.1-18 所示。

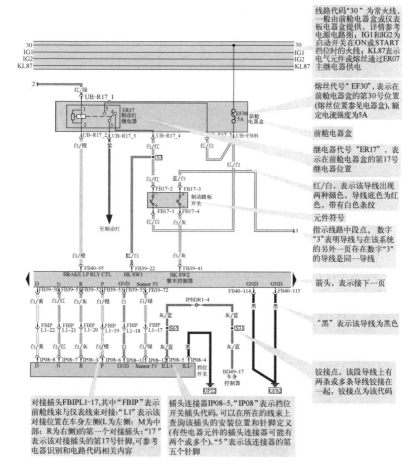

线路代码"30"为常火线，一般由前舱电器盒或仪表板电器盒提供，详情参考电源电路图；IG1和IG2为启动开关在ON或START挡位时的火线；KL87表示电气元件或熔丝通过ER07主继电器供电

熔丝代号"EF30"，表示在前舱电器盒的第30号位置（熔丝位置参见电器盒），额定电流强度为5A

前舱电器盒

继电器代号"ER17"，表示在前舱电器盒的第17号继电器位置

红/白，表示该导线出现两种颜色，导线底色为红色，带有白色条纹

元件符号

指示线路中公共点。数字"3"表明导线与在该系统的另外一页存在数字"3"的导线是同一导线

箭头，表示接下一页

"黑"表示该导线为黑色

铰接点，该段导线上有两条或多条导线铰接在一起，铰接点为该代码

对接插头FBIPL1-17，其中"FBIP"表示前舱线束与仪表线束对接；"L1"表示该对接位置在车左侧(L为左侧)：M为中部；R为右侧)的第一个对接插头；"17"表示该对接插头的第17号针脚，可参考电器识别和电路代码相关内容

插头连接器IP08-5，"IP08"表示挡位开关插头代码，可以在所在的线束上查询该插头的安装位置和针脚定义（有些电器元件的插头连接器可能有两个或多个），"5"表示该连接器的第五个针脚

图 5.1-17　小鹏汽车电路（一）

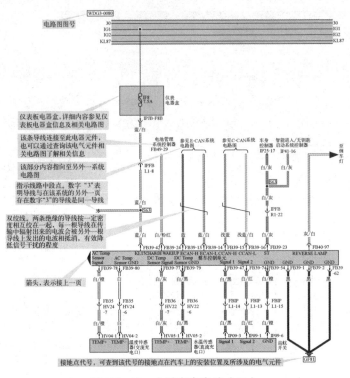

图 5.1-18　小鹏汽车电路（二）

（7）高压线路和电路图

如图 5.1-19 和图 5.1-20 所示，电动汽车高压系统由动力电池、电机控制器、驱动电机、集成式车载电源三合一、整车控制器、空调压缩机、PTC 等部件组成。

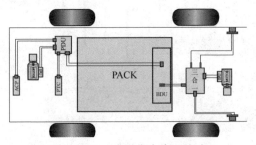

图 5.1-19　小鹏汽车高压线路

维修图解

小鹏汽车电路图中，高压线路不是橙色线缆，而是直接用红色和黑色来表示正极和负极，这样也使高压回路线路非常清晰，见图5.1-20。

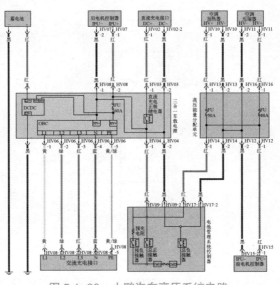

图 5.1-20　小鹏汽车高压系统电路

6 问界汽车电路图

（1）识读电路图

问界汽车电路图的左上方布局的也是供电单元，从习惯上，从左上侧起，能更好地将顺整个电路图。控制单元和导线布置在中部布局，电气部件和接地点置于整个电路图下方。从电路图结构布局上，这也是典型的"上中下"三布局电路图。问界电路图识读样图见

图 5.1-21～图 5.1-23，其电路图中的电气元件及图标见表 5.1-9。

维修图解

问界汽车电路图的线路回路编号（图 5.1-21）设计别具特色，在一定程度上提高了电路故障维修效率。

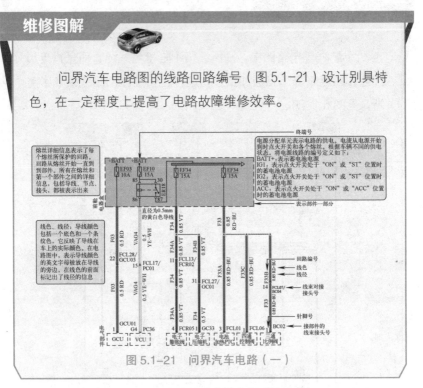

图 5.1-21　问界汽车电路（一）

表 5.1-9　问界电路图中的电气元件及图标

序号	元件符号	说明	序号	元件符号	说明
1		带有接插式连接端子的零部件	7		分布式连接点
2		带有引出线接插式连接端子的零部件	8		不连接的两条交叉线
3		零部件壳体直接接地	9		接地
4		带有螺栓或螺栓连接端子的零部件	10		屏蔽线
5		部分电气零部件	11		常闭继电器
6		完整的电气零部件	12		常开继电器

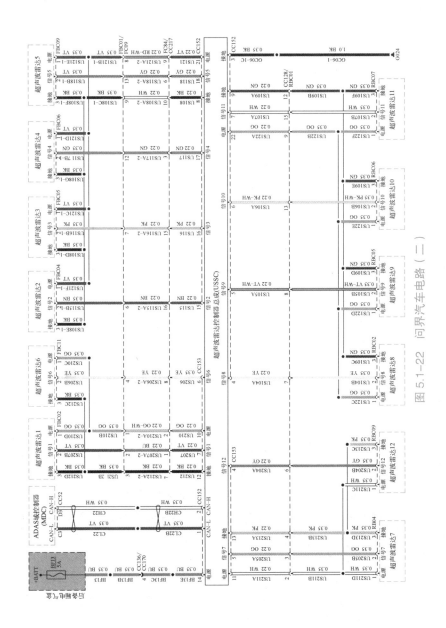

图 5.1-22 问界汽车电路（二）

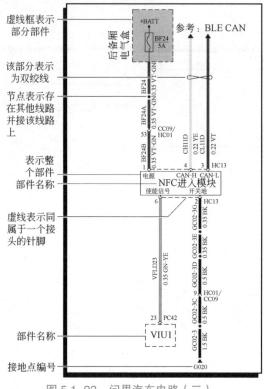

图 5.1-23　问界汽车电路（三）

（2）回路编号

问界汽车电路图最大的特点是用统一的编号规则来制定回路编号，这样就可以顺着回路编号找到相应熔丝、线路节点等，非常便于维修工解决电路故障。回路编号分为功能号和分路号。

维修图解

① 功能号：前面一组字母和数字表示导线的功能。这里，在功能码中的字母"CF18"表示是熔丝的功能，说明来自熔丝

"CF18"。维修工在检测回路时，回路编号中的功能部分是最有帮助的。功能号是基于一些回路之前的针脚功能名称，维修工可以从中得到回路的功能、来自的元件及其针脚。

② 分路号：后面如果有一组字母，表示同一功能的导线存在支路；如果是一个字母，说明该线路前存在一个节点；如果是多个字母，说明该线路前存在多个节点。回路编号见图 5.1-24。智能驾驶系统电路图中的回路编号见图 5.1-25。

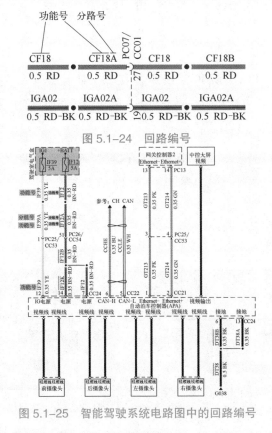

图 5.1-24　回路编号

图 5.1-25　智能驾驶系统电路图中的回路编号

（3）接地点

接地点是一个完整表示每一个接地接头或主要接地节点的电路图，有助于维修多个部件都受影响的故障，例如接地不良或接地节点故障。所有在接地点和部件之间详细信息（导线、节点、接头）都完全表示出来。这些接地连接的详细信息是为了使每个单独子系统的电路图尽可能地不要混乱。

一个节点上如果连接了大量的导线，那么节点就分成多个，使电路图表示得更清楚。这时需要用一条细线来表示，所以节点连接在一起。

（4）导线

① 线束插头编码：线束连接器 / 插接器（插头）编码见图 5.1-26；线束接头的编码是根据实际车辆线路所具有的线束来进行对应的，见表 5.1-10。

维修图解

线束接头编码的首个字母是表示所属的线束或表示对接接头，后部是线束接插件的编码。

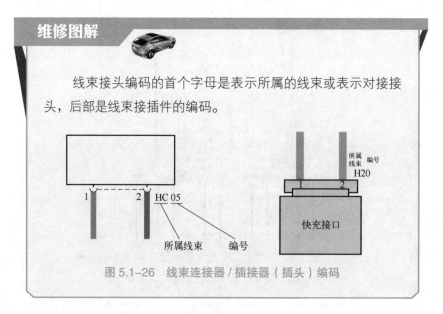

图 5.1-26　线束连接器 / 插接器（插头）编码

表 5.1-10　线束接头的编码与车辆线束对应表（问界 M9 纯电）

所属线束编码	线束连接器	所属线束编码	线束连接器
FIC	前舱线束（左）插头	ER	副驾座椅相关线束插头
FRC	前舱线束（右）插头	ESL	中排左侧座椅相关线束插头
PC	驾驶室线束插头	ESR	中排右侧座椅相关线束插头
FBC	前保险杠线束插头	FS	后排座椅相关线束插头
RBC	后保险杠线束插头	HC	前门线束总成（左）线束插头
BC	前副车架线束插头	KC	前门线束总成（右）线束插头
RC	顶棚线束插头	MC	后门线束总成（左）线束插头
RBC	顶棚饰板线束插头	NC	后门线束总成（右）线束插头
AC	空调线束插头	HJC	前门转接线束总成（左）线束插头
H	高压线束插头	KJC	前门转接线束总成（右）线束插头
S	副仪表台线束插头	MJC	后门转接线束总成（左）线束插头
TC	后背门相关线束插头	NJC	后门转接线束总成（右）线束插头
EI	主驾座椅相关线束插头		

② 导线编码规则：见图 5.1-27。

a. CAN 线和搭铁在任何接插件里面均以 CH 和 DT 表示。

b. 由熔断器连出的回路使用"熔丝编号"表示，经过节点后依次增加 A、B、C。

c. 由继电器输出脚连出的回路使用"继电器编号"（如 LRP09，IRP11）表示，经过节点后依次增加 A、B、C 列。

d. 所有的物理接地回路。

维修图解

所有的物理接地回路使用 C…，接地编号使用 1、2、3 等数字表示；底盘线 (chassis) 上接地使用 GC××，前舱线 (forecabin) 上使用 GF××，仪表线 (IP) 上使用 GI××，顶棚线 (headliner)

上使用 GH××，后背门 (tailgate) 线上使用 GT××，副车架 (subframe) 线上使用 GS××，发动机 (engine) 线上使用 GE××，高压设备外壳单独的保护 (protect) 接地使用 GP××。

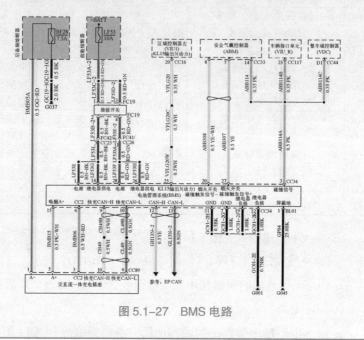

图 5.1-27　BMS 电路

e. CAN 线使用 CL×× 和 CH×× 分别表示 CAN 低和 CAN 高；经过节点后依次增加 A、B、C。

f. 千兆以太网线使用 ET1× 表示，差分 + 用 ET11，差分 – 用 ET12；经过节点后依次增加 A、B、C。

g. 百兆以太网线使用 ET2× 表示，1/2/3/4 分别表示 TXP/TXN/RXP/RXN；经过节点后依次增加 A、B、C。

h. 涉及其他回路如表 5.1-11 所示的系统（功能），表示经过节点后依次增加 A、B、C。

表 5.1-11　导线编码与车辆控制系统对应

线束编码	控制系统（功能）	线束编码	控制系统（功能）
IP	集成电动制动	BA	BMS-A
RB	冗余制动单元	BB	BMS-B
ED	主动悬架控制单元总成	MF	前驱电机
ES	电子稳定控制系统	MR	后驱电机
AM	车窗防夹控制器	TD	TDU
VFL	左区域控制器	CD	座舱域控制器
VFR	右区域控制器	EA	功放 EPA
RV	后区域控制器	LC	灯具控制器
VC	整车控制单元	DL	DLP 区域控制器（左）
SD	主驾座椅	MD	ADAS 域控制器
LH	前排座椅（左）	US	USSC
PM	电源管理模块		

③ 导线颜色：问界汽车的导线颜色用两个字母或者一个字母缩写来表示，见表 5.1-12。

表 5.1-12　导线颜色代码

代码 / 缩写	线路颜色	代码 / 缩写	线路颜色
B（BK）	黑色	O（OG）	橙色
Br（BN）	棕色	P（PK）	粉色
BI（BU）	蓝色	R（RD）	红色
G（GN）	绿色	V（VT）	紫色
GY（Gy）	灰色	W（WT）	白色
LG（LG）	浅绿色	Y（YE）	黄色

（5）熔丝 / 继电器编号（表 5.1-13）

熔丝或继电器编号前面一组字母表示该熔丝或继电器的位置及缩写信息，后一组数字（2 位数字）表示该熔丝或继电器在车上的数字编号。前继电器盒见图 5.1-28。

表 5.1-13　熔丝 / 继电器编号

熔丝、继电器位置	编号	图示（前继电器盒）
蓄电池熔丝	ANF	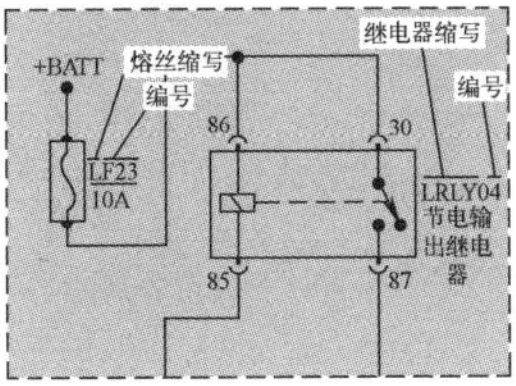
分线盒熔丝	ANF	
前舱熔丝	LSB/LF	
前舱继电器	LRLY	
驾驶室熔丝	ISB/IF	
驾驶室继电器	IRLY	
后备厢熔丝	BSB/BF	
后备厢继电器	BRLY	

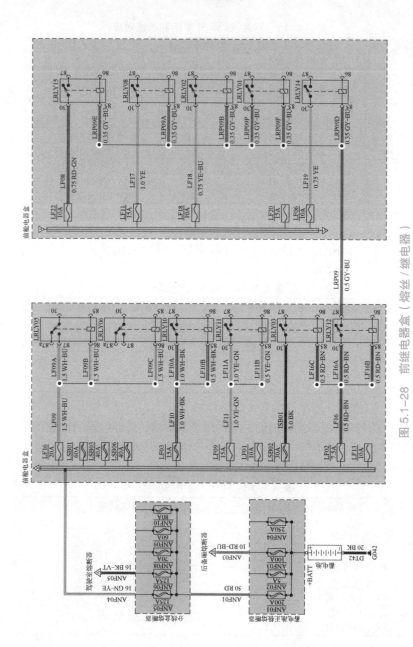

图 5.1-28 前继电器盒（熔丝/继电器）

（6）问界汽车电动化及智能缩语名称（表5.1–14）

表5.1–14　问界汽车电动化及智能缩语名称

英文缩语	部件名称	英文缩语	部件名称
CCU	空调压缩机	VIV	区域控制器
PTC	电池加热模块	MDC	ADAS域控制器（先进智能驾驶辅助系统）
BMS	电池管理系统		
PDU	前舱高压盒	INS	组合惯导
DCDC+OBC	二合一	SRR	短距离雷达
MCU	电机控制器	MRR	前毫米波雷达
IBOOSTER	智能制动助力器	T_BOX	车辆网终端
RBU	冗余制动单元	WCM	无线充电
IPB	集成电动制动	CDCI	影音娱乐域控制器
VDC	整车域控制器		

（7）高压线路（不带升压盒子）

① 如图5.1–29所示为问界M9纯电动汽车（不带升压盒子）的高压系统线路。

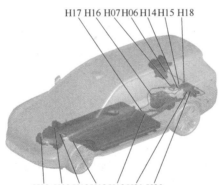

图5.1–29　问界M9纯电动汽车（不带升压盒子）的高压系统线路

　　H06—接压缩机高压线束（后PTC-R端）；H07—接压缩机高压线束（分线盒端）；H08—接压缩机高压线束（电动压缩机端）；H09—接压缩机高压线束（PTC-F端）；H12—接前电机高压线束（电池包端）；H13—接前电机高压线束（前电机端）；H14—接后电机高压线束（后分线盒端）；H15—接压缩机高压线束（OBC+DC/DC端）；H16—接后电机高压线束（后电机端）；H17—接后电机高压线束（动力电池包端）；H18—接交直流一体充电插座（OBC端）；H19—接交直流一体充电插座线束（动力电池包端）；H20—接交直流一体充电插座（快充接口）；H21—接交直流一体充电插座（慢充接口）

② 高压互锁（不带升压盒子）见图 5.1-30。

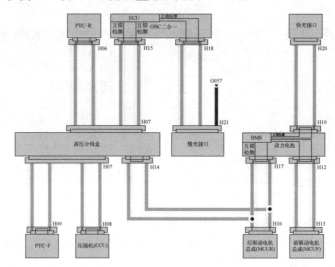

图 5.1-30　高压互锁（不带升压盒子）

（8）高压线路（带升压盒子）

问界 M9 纯电动汽车（带升压盒子）的高压系统线路见图 5.1-31。

升压盒总成在高压直流充电时作为升压开关，由 PCBA 组成的控制电路、继电器和结构件等组成。在 500V±50V 的充电桩快充需要升压时使用，即直充时输送电流。升压盒的功能如下。

① 外接直流充电：电动汽车外接直流充电分为快充直流充电和快充升压直流充电，当车辆在配置有升压盒且检测到充电桩为低压桩（电压 ≤ 700V）时，进行快充升压直流充电；当检测到充电桩为高压桩（电压 > 700V）时，进行快充直流充电。快充升压直流充电通过电驱升压回路升压，以达到低压桩向高压平台进行充电的目的。电驱升压系统主电路包含动力蓄电池、驱动系统（电机＋电机控制器）以及升压盒三部分，同一套硬件电路可实现 Buck 降压电路、Boost 升压电路以及直通电路。

② 高压电源管理：DCB 电驱升压流程退出时，升压盒配合 MCUR 执行主动放电，若主动放电失败，应进入被动放电，并且在

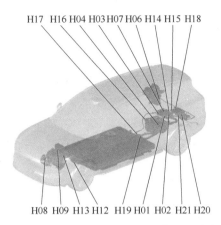

H17 H16 H04 H03 H07 H06 H14 H15 H18

H08 H09 H13 H12 H19 H01 H02 H21 H20

图 5.1–31 问界 M9 纯电动汽车（带升压盒子）的高压系统线路

H01—接升压盒高压线束（升压盒电池包端）；H02—接升压盒高压线束（升压盒快充端）；H03—接电机升压高压线束（升压盒端）；H04—接电机升压高压线束（后电机端）；H06—接压缩机高压线束（后 PTC-R 端）；H07—接压缩机高压线束（分线盒端）；H08—接压缩机高压线束（电动压缩机端）；H09—接压缩机高压线束（PTC-F 端）；H12—接前电机高压线束（电池包端）；H13—接前电机高压线束（前电机端）；H14—接后电机高压线束（后分线盒端）；H15—接压缩机高压线束（OBC/DCDC 端）；H16—接后电机高压线束（后电机端）；H17—接后电机高压线束（动力电池包端）；H18—接交直流一体充电插座（OBC 端）；H19—接交直流一体充电插座线束（动力电池包端）；H20—接交直流一体充电插座（快充接口）；H21—接交直流一体充电插座（慢充接口）

2min 内将电容电压降低到 55V（DC）以下。

③ 故障管理：DCB 发生功能 / 性能故障时，根据 DCB 故障等级定义上报故障等级并进行故障处理。动力域控制器 VDC 根据 DCB 上报故障等级，映射至动力系统故障等级，综合车辆使用场景、当前故障状态，对故障类型进行分级处理（故障提示、故障记录、功能限制或禁止等），以保证车辆操纵人员的驾驶体验及驾乘安全。故障触发时，由 DCB 发送故障提示标志位给动力域控制器 VDC，动力域控制器 VDC 通过以太网或 CAN（FD）调用 HMI 点亮故障指示灯或文字弹窗提醒。

④ 高压互锁功能：高压互锁电路（带升压盒子）见图 5.1–32。

高压互锁：高压互锁功能由 VDC 协同 DCB 等高压部件共同完成。其中要求 DCB 需具备至少 2 路及以上独立的互锁检测功能，VDC 与 DCB 的协同分工如下。

a. VDC 负责汇总各部件高压互锁信号，并基于整车状况进行处理。

b. DCB 等其他高压零部件检测各自高压接线端口的互锁回路完整性监测。

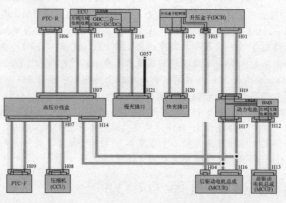

图 5.1-32　高压互锁电路（带升压盒子）

7 北汽新能源电路图

北汽新能源汽车电路见图 5.1-33。

① 系统名称。

② 熔丝和继电器盒：熔丝和继电器盒包含前舱电器盒、仪表板电器盒。

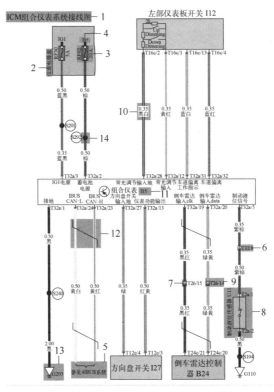

图 5.1-33 北汽新能源汽车电路

③ 熔丝：熔丝编号由熔丝代号和序列号组成。

④ 电源供应状态。

B+：表示供应蓄电池电源。

JG1：表示一键启动开关在"ON"位置时，IG1 继电器 87 号针脚的电源输出。

ACC：表示一键启动开关在"ACC"位置时，ACC 继电器 87 号针脚的电源输出。

⑤ 参考章节信息：指向到其他章节电路图。

⑥ 表示接插件端子编号。

⑦ 表示接插件的公母。

维修图解

公接插件和母接插件对接，连接情况如图 5.1–34 所示，并用图中 1 所示图标表示线束插头插接方向。

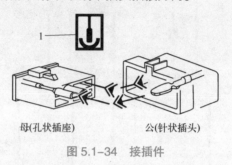

母(孔状插座)　　　　　公(针状插头)

图 5.1–34　接插件

⑧ 电气元件及名称。

⑨ 中间接插件：连接线束和线束的中间接插件。T00x："T"为所有插头针脚编号的前缀；00 表示插头针脚数量；x 表示序列号，用字母 a～z 表示，可以由一个、两个或者三个字母组成，其目的是用以区分并保证端子编号在整个电路图中的唯一性。

⑩ 导线颜色：见表 5.1–15 所示的导线颜色代码。

表 5.1–15　北汽新能电路图源导线颜色代码

代码	颜色	图示	代码	颜色	图示
B	黑色		P	粉色	
Br	棕色		R	红色	
Bl	蓝色		V	紫色	
G	绿色		W	白色	
Gr	灰色		Y	黄色	
O	橙色				

维修图解

　　如果一根导线有两种颜色，则第一个字母表示基本接线颜色，第二个字母表示条纹颜色，用"/"区分开。例如，如图 5.1-35 所示，Y/W 表示以黄色为背景色，同时上面有白色条纹的导线。

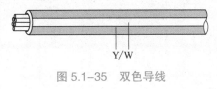

图 5.1-35　双色导线

　　⑪ 线束接插件名称：线束接插件是根据线束命名的。例如，前舱线束接插件 U07，U 表示线束代号，07 表示接插件编号。

　　⑫ 屏蔽线：屏蔽线的外表覆盖有金属网，外来的干扰信号可被该层导入大地，避免干扰信号进入内层导体，同时降低传输信号的损耗。

　　⑬ 接地编号：接地点以 G 开头序列编号。接地点位置详细参见接地点位置图。

　　⑭ 交叉导线：表示导线拼接点，表明两根或多根导线在此处相交。

维修图解

　　如图 5.1-36 所示，在电路图中表示导线的拼接和未拼接。

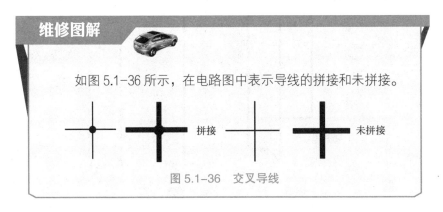

图 5.1-36　交叉导线

8 埃安汽车电路图

（1）电路图识读

埃安新能源汽车电路见图5.1-37。

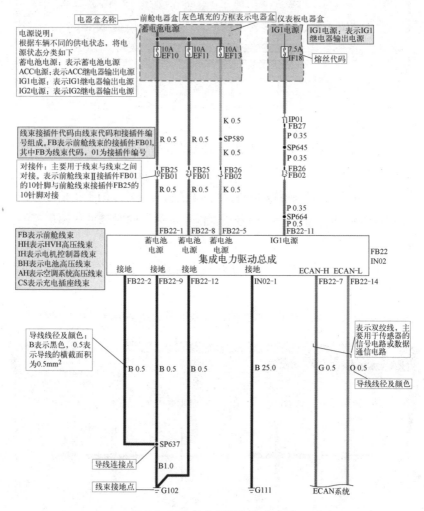

图 5.1-37　埃安新能源汽车电路

（2）高压电源电路

动力电池系统提供高压回路的接通和切断，具有高压电安全管理、高压电充电管理、故障保护等功能。

维修图解

埃安高压电源电路见图 5.1-38。

动力电池系统由动力电池、总正继电器、总负继电器、预充继电器、预充电阻、快充继电器、电流传感器、MCU、BCU 及 BMS 等组成，都安装在电池组箱内部，通过电池组箱的高低压线束对其他系统供电或进行通信。

高压电充电管理：

① 启动车辆，整车控制器开始自检；

② 自检完成无故障后发出命令给动力电池系统；

③ 动力电池系统控制预充继电器、总负继电器闭合，高压电经预充继电器、预充电阻传递给高压用电器，高压电进入预充电；

④ 当预充电电压与电池电压的压差小于阈值时，动力电池系统控制主正继电器闭合，高压充电完成。

9 欧拉汽车电路图

长城欧拉汽车电路图识读见图 5.1-39。

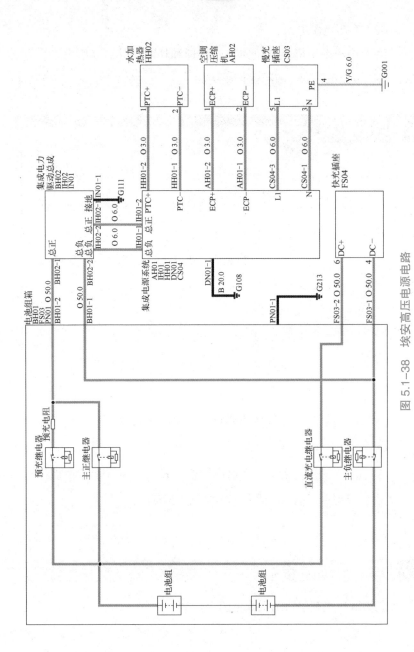

图 5.1-38 埃安高压电源电路

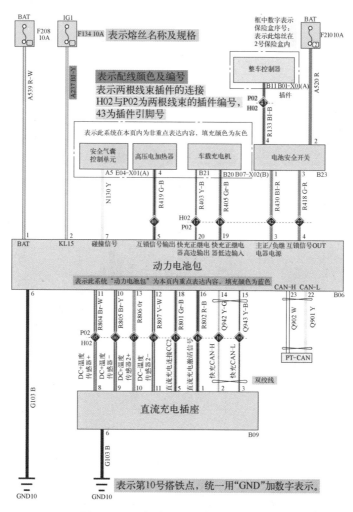

图 5.1-39 长城欧拉汽车电路图识读

10 比亚迪汽车电路图

（1）电路图形式一

比亚迪汽车电路图识读见图 5.1-40。

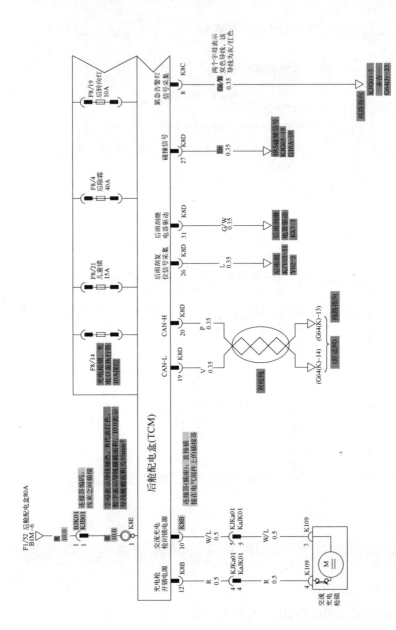

图 5.1-40　比亚迪汽车电路图识读

（2）电路图形式二

比亚迪在 2024 年款后的新能源汽车，与之前年款的（上述电路图 5.1-40）比较，采用了不同的绘制方式，在电路图编制方法、电路图整体结构等方面与之前有很大区别。如图 5.1-41 所示为比亚迪秦 L 新能源汽车电路图。

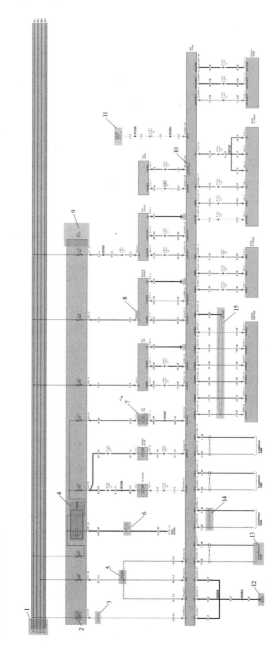

图 5.1-41 比亚迪秦 L 新能源汽车电路

电路图中的电气元件及图标见表 5.1-16。

表 5.1-16　电路图中的电气元件及图标

序号	名称	图示	说明
1	电源系统识别	30 IG1 IG3 IG4	电源系统识别：向熔丝供电时，用于表示点火钥匙位置 ①线路代码"30"为常电源（常火线），一般由前舱电气盒或仪表板电气盒提供 ② IG1、IG3 和 IG4 为启动开关在 ON 或 START 挡位时的火线
2	熔丝	F1/46 5A	熔丝：表示熔丝的名称和电流大小 配电盒见图 5.1-43 和图 5.1-44 ①前舱配电盒 UEC 的熔丝按照相应位置编号为 F1/× ②仪表板配电盒 IEC 的熔丝按照相应位置编号为 F2/×
3	导线颜色和线径	O/W 0.5	导线颜色和线径 ①线色：表示导线的颜色，颜色以字母代码表示；导线又分为单颜色和多颜色 ②线径：0.5 表示该导线的横截面积为 0.5mm²
		（线白）	单颜色导线：字母表示基本接线颜色。示例：Sb
		（线蓝）（黄）	双颜色导线：第一个字母表示基本接线颜色，第二个字母表示条纹的颜色。示例：Sb-Y
4	继电器		继电器，见图 5.1-43 和图 5.1-44 ①前舱配电盒 UEC 的继电器按照相应位置编号为 K1-× ②仪表板配电盒 IEC 的继电器按照相应位置编号为 K2-× 注意：如继电器无代码，表示该继电器在配电盒内部
5	铰接点	SP5398	铰接点 表示该导线上有两条或多条导线铰接在一起，铰接点为该代码
6	对接插头	BJA02 AJB02 -4	对接插头，见表 5.1-17 表示线束与线束之间连接的接插件；如 BJA02 AJB02-4，表示前舱线束发动机线束相连接，其中前舱线束 BJA02 为母端，发动机线束 AJB02 为公端；-4 表示该对接插头的 4 号针脚

续表

序号	名称	图示	说明
6	对接插头	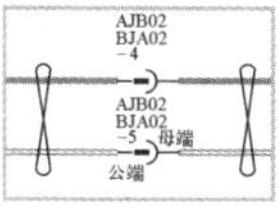 AJB02 BJA02 -4 AJB02 BJA02 -5 母端 公端	线束与线束之间的插头对接关系，圆弧凸起方向的一端为母端
7	元件符号	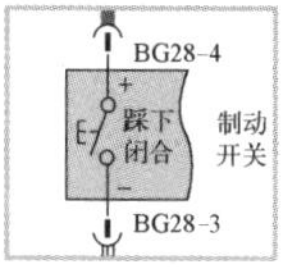 BG28-4 E 踩下 闭合 制动开关 BG28-3	电路图中，电气元件内部简图
8	端子编码和针脚	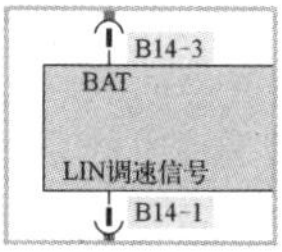 B14-3 BAT LIN调速信号 B14-1	端子编码：相连接部件的端子编码，如B14-3，B14中表示B为部件连接器所在的线束，14表示线束连接器的顺序号；有多个编码的接插件连接到部件时或有不同的规格或配置的多种型号接插件时，可使用编码进行区分，如左车身控制器上的端子编码有 BG64（B）、BG64（C）、KG64（E）等。针脚：B14-3，其中3为针脚 线束编码见表5.1-18
9	配电盒	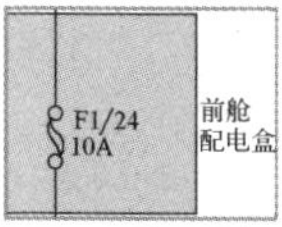 F1/24 10A 前舱配电盒	配电盒，见图5.1-43 该车配有两个配电盒，分别为前舱配电盒和仪表板配电盒
10	端子定义	 BK49(B)-35 油温传感器地	端子定义 用于说明该端子的功能或描述。这里表述的是油位传感器接地
11	跳转到下一端	 安全气囊控制器 KG10-34 Y 0.5	跳转到下一端 表示该导线连接到此部件。这里表示可以通过跳转指向的安全气囊控制器，查询该部件相关电路图了解相关信息
12	接地点	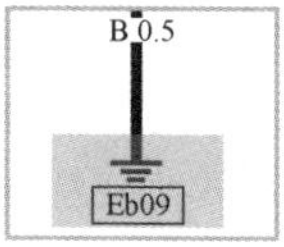 B 0.5 Eb09	接地点信息 Eb09：E表示接地点代码；b表示和接地点连接线束，代码为所在线束的小写字母编码；09表示该线束接地点的顺序号

续表

序号	名称	图示	说明
13	跳转到另外一个系统电路图	 参见电控网系统电路图	跳转到另外一个系统电路图指向 该部分内容跳转至另外一个系统电路图,在跳转后的系统电路图中能够查看更加详细的内容
14	双绞线	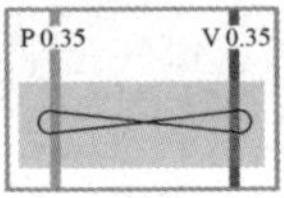 P 0.35　　　V 0.35	双绞线 ①定义:指两条相互绝缘的导线按照一定的规格相互缠绕在一起而制成的一种通用配线 ②作用:防止外界电磁干扰,降低自身信号的对外干扰
			双绞线表示方法
15	屏蔽线	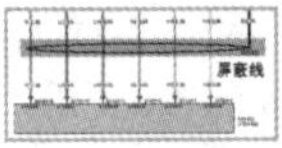 屏蔽线	屏蔽线 屏蔽线是指使用金属网状编织层把信号线包裹起来的传输线;屏蔽线的屏蔽层需要接地,外来的干扰信号可被导入接地位置

线束插接器:常用的线束的插接器也叫连接器(件)、插头等,比亚迪汽车通常有锁扣式、滑锁式和杆锁式等插接器,见表5.1-17。

表5.1-17　线束插接器

类型	断开操作图示	说明
锁扣式连接器	 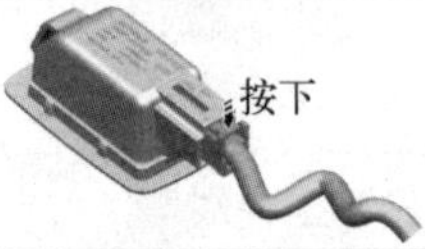 拔起 按下	锁扣式接头可以防止接头意外松开或断开,通过按下或者抬起锁片可断开锁扣接头 注意,断开接头时,不要拉扯线束或配线,以防零件损坏
滑锁式连接器	  按下 拉起	滑锁器接头可以防止锁止不完全、意外松动或者断开 一些系统和部件(特别是与OBD相关)都采用了滑锁式接头。通过按下或拉出滑块可断开滑锁式接头

续表

类型	断开操作图示	说明
杆锁式连接器	 拉起 拔出	一些控制单元和控制模块上、超级多路连接器接头等，使用了杆锁式线束接头 　连接时必须通过移动杆至止动位来确认杆完全锁定到位以确保连接完全 　注意，断开或连接这些接头前，务必确认杆已经完全释放（松开），以免损坏接头外壳或端子

线束编码见表 5.1-18。

表 5.1-18　线束编码

序号	线束编码	线束名称	装配位置
1	HV	高压线束	各高压部件
2	D	前保险杆线束	前保险杠
3	R	后保险杠线束	后保险杠
4	B	前舱线束	前舱车架
5	C	前横梁线束	前横梁上
6	G	仪表线束1	仪表板
7	Gb	仪表线束2	仪表板
8	K	车身线束	车内车架
9	P	顶棚线束	顶棚
10	T	左前门线束	左前门
11	U	右前门线束	右前门
12	V	左后门线束	左后门
13	W	右后门线束	右后门
14	Y	后备厢线束	后备厢
15	A	发动机线束1	发动机舱
16	Ab	发动机线束2	发动机舱

前舱配电盒和仪表板配电盒的熔丝：

① 如果熔丝烧毁，在更换新的熔丝之前，一定要将故障原因排除；

② 必须使用原厂规定的熔丝，切勿使用超出原厂规定的电流额定值的熔丝；

③ 熔丝勿只插入部分，务必确定将熔丝插入熔丝座上。

图 5.1-42　前舱熔断器安装位置

维修图解

　　前舱配电盒：前舱熔断器安装位置见图 5.1-42。前舱配电盒见图 5.1-43。

　　① 前舱配电盒 UEC 的熔丝按照相应位置编号为 F1/×，F 表示熔丝代码，1 表示安装位置在前舱配电盒，× 表示序号。如 F1/03：安装在前舱电气盒的 3 号熔丝。

　　② 前舱配电盒 UEC 的继电器按照相应位置编号为 K1-×，K1 表示前舱配电盒继电器代码，× 为序号，安装在前舱配电盒的 × 号位置继电器，如 K1-1，K1-2…。如继电器无代码时，表示该继电器在配电盒内部。

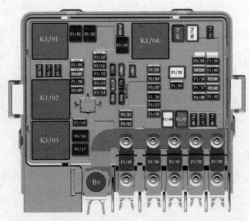

图 5.1-43　前舱配电盒

前舱配电盒的电动化及智能控制熔丝见表 5.1-19。

表 5.1-19 前舱配电盒的电动化及智能控制熔丝（部分）

熔丝编码	功能 / 部件	熔丝编码	功能 / 部件
F1/30	智能动力制动系统	F1/09	BMS 动力电池管理系统
F1/35	后域控制器	F1/3	热管理集成模块
F1/14	电控冷却水泵	F1/13	电动空调压缩机
F1/23	后电子油泵	F1/20	前电子油泵
F1/33	ADAS（先进驾驶辅助系统）	F1/25	电机控制器（FDMT）
F1/39	ADAS（先进驾驶辅助系统）	F1/24	电机控制器
F1/18	ACC（前碰撞预警）	F1/37	ETC

维修图解

仪表板配电盒：仪表板配电盒见图 5.1-44。

① 仪表板配电盒 IEC 的熔丝按照相应位置编号为 F2/×，F 表示熔丝代码，2 表示安装位置在仪表板配电盒，× 表示序号。如 F2/03：安装在仪表板电气盒的 3 号熔丝。

② 仪表板配电盒 IEC 的继电器按照相应位置编号为 K2-×，K2 表示仪表板配电盒继电器代码，× 为序号，安装在仪表板配电盒的 × 号位置继电器，如 K2-1，K2-2…。

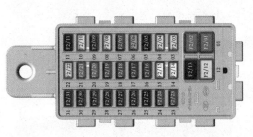

图 5.1-44 仪表板配电盒

仪表板配电盒的电动化及智能控制熔丝见表 5.1-20。

表 5.1-20 仪表板配电盒的电动化及智能控制熔丝（部分）

熔丝编码	功能 / 部件	熔丝编码	功能 / 部件
F2/12	智能驾驶	F2/16	高压多合一
F2/20	后域身控制器	F2/17	高压多合一
F2/21	后域身控制器	F2/25	无线充电
F2/06	高频接收模块 / 换挡面板	F2/22	诊断口
F2/08	多媒体	F2/26 ～ F2/31	预留

（3）集成式智能后驱电控系统电路图

集成式智能后驱总成集成了驱动电机、变速器（单挡变速器，对动力电机进行减速增扭）、电机控制器、PDU、DC/DC、Bi-OBC、VCU、BMS。通过功能模块的系统高度集成，达到提高空间利用率、降低成本、减轻重量等目的，但内部的各个组成单元依然功能独立。集成式智能后驱电控系统框图见图 5.1-45 和图 5.1-46。

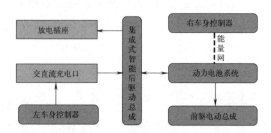

图 5.1-45 集成式智能后驱电控系统框图（一）

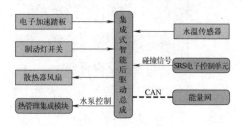

图 5.1-46 集成式智能后驱电控系统框图（二）

维修图解

集成式智能后驱电控系统电路见图 5.1-47。

① 驱动电机控制器：控制动力电池与驱动电机之间的能量传输。

双向车载充电机：把车辆外部充电设备输入的交流电转换成直流电，并经调压以满足动力电池包充电的需求，将电池包的高压直流电转换成交流电供负载设备使用。

② DC/DC：将高压直流电转换成低压直流电，给整车低压负载及蓄电池供电。

③ 高压配电模块（PDU）：通过铜排、接触器、熔断器等器件将电网、电气负载连接成高压回路，将动力电池的高压直流电供给整车高压电气，以及接收车载充电机的直流电给动力电池充电。

④ 驱动电机：将驱动电机控制器提供的电能转化为机械能输出至变速器，以及将变速器输入的机械能转化为电能输出至驱动电机控制器。

⑤ 动力域控制器（VBM）：整车控制器具备实时动力计算和动力分配、实时信息交互与集中处理、传感器信号采集及处理，同时包括 CAN 通信、故障处理等，与其他模块配合完成整车的工作要求以及自检等功能。电池管理器（部分功能）具备高压互锁检测、硬线碰撞检测、直流充电连接确认及通过直流充电子网与充电桩进行信息交互，同时有与 BASU 通信功能。

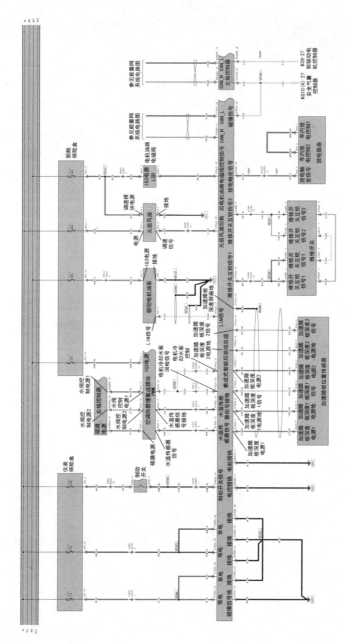

图 5.1-47　集成式智能后驱电控系统电路

（4）前驱动电机电控系统电路（图 5.1-48）

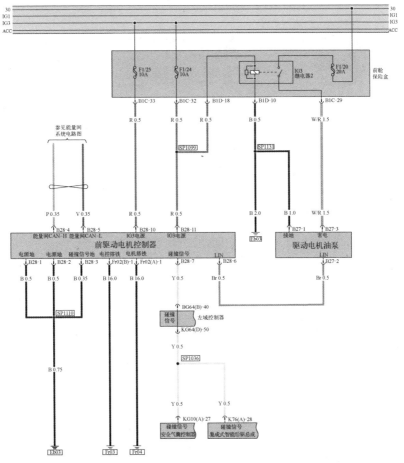

图 5.1-48 前驱动电机电控系统电路

第二节
高压系统维修

 一、高压上电与下电

电动汽车的电能储存在动力电池内部。

动力电池通过两个继电器（主正继电器和主负继电器）控制对车辆高压部件的供电，即车辆高压系统有以下两个状态：

①继电器断开，整车高压系统下电；

②继电器闭合，整车高压系统上电。

维修图解

动力电池总成如图 5.2-1 所示。

电源继电器总成如图 5.2-2 所示。

主正继电器和主负继电器在电源继电器总成 (PRA) 内。

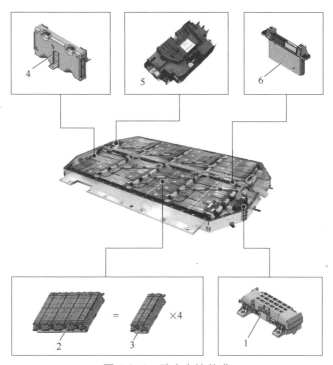

图 5.2-1　动力电池总成

1—主熔丝；2—高压蓄电池模块总成（BMA）；3—副蓄电池模块总成（Sub-BMA）；4—蓄电池管理控制模块（BMU）；5—电源继电器总成（PRA）；6—单电池监测模块（CMU）

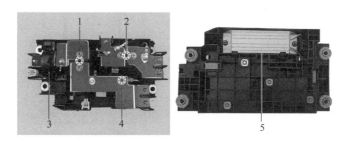

图 5.2-2　电源继电器总成

1—主继电器（＋）；2—主继电器（－）；3—电流传感器；4—预充电继电器；5—预充电电阻器

1 高压上电

（1）高压上电逻辑

主继电器内置在动力电池包内的电源继电器总成内，由 2 个主继电器组成，分别控制高电压正极（+）电路和高电压负极（–）电路。

如图 5.2-3 和图 5.2-4 所示，继电器在电源继电器总成（各种车叫法不一，有的叫电源分配盒及其他名称）内，主继电器根据 BMS（BMU）控制信号，将高压接线盒与高压蓄电池组之间的高压电源电路和高压搭铁电路连接起来。

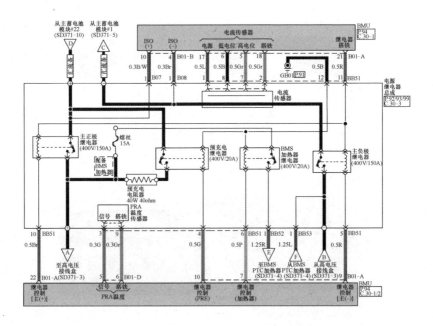

图 5.2-3　电池管理系统电路（电源继电器总成部分）

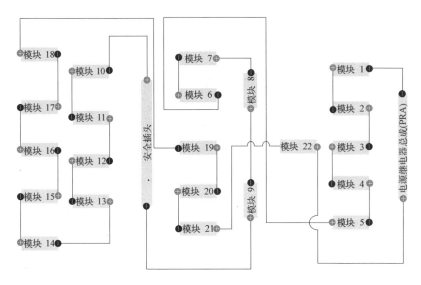

图 5.2-4 动力电池内部模组

维修图解

高压上电路径见图 5.2-5。

启动车辆，闭合预充继电器，闭合主负继电器，电信号就会经过预充继电器，然后经过预充电阻，来降低电流保护高压电路，并流进电机控制器内部的电容器，完成对电容的预充。

充电完成时，预充电继电器关闭，电容充满电之后电压提升，这时，主正继电器闭合，车辆高压上电。

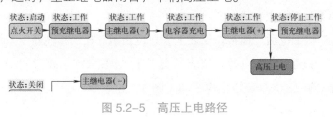

图 5.2-5 高压上电路径

维 修 提 示

这里必须弄清楚一个问题："预充"是给谁充电？预充并非给动力电池预充电，而是给电机控制器内的超级电容进行充电。在动力电池上电之前，先给这个电容预充电，目的是防止直接闭合主正继电器瞬间的大电流导致对电路和电机的冲击。

（2）高压上电条件

当按下车辆一键启动按键或者旋动点火开关钥匙时，车辆就准备开始上电。

通常需要满足以下条件才能成功上电。

① 钥匙合法，也就是防盗通过；

② 动力电池状态正常；

③ 整车高压绝缘正常；

④ 整车高压互锁正常。

如果任何条件之一出现异常，那么车辆上电就会失败。

如果车辆没有上高压电，高压系统就不能工作。

无法上电的故障比较常见，其中动力电池状态异常、整车高压绝缘故障、整车高压互锁故障都是高频故障。

（3）正常上电状态

车辆上电后，通常在仪表上会通过指示灯显示车辆高压系统的状态，当车辆上高压电时，仪表盘会显示"READY"或者"OK"，用以提醒驾驶员车辆高压上电成功（图5.2-6）。

图 5.2-6 高压上电正常

2 高压下电操作

　　车辆在进行高压零部件维修或出现异常、有触电风险时均需要高压断电。为方便高压断电，高压系统要求增加低压维修开关，串联在高压互锁回路。

维修图解

　　断开低压维修开关高压即可下电。如比亚迪宋等车型，维修开关在前机舱左侧（图 5.2-7）。

　　① 拆卸低压维修开关时，需按住低压维修开关接插件母端并拔出，不得拉扯接插件尾端线束。

　　② 断开低压维修开关后，须等待5min后再拆卸高压零部件。

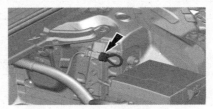

图 5.2-7 断开低压维修开关

二、等电位均衡

1 等电位均衡的目的

在前面的内容介绍过拆装等电位均衡线，对于新能源汽车，在高压控制单元上都会敷设一条等电位平衡线连接到壳体上。这样，这些部件在同一电位，就不会因某处有漏电而产生压差，威胁到维修工的人身安全。

2 等电位均衡标准（国标）

用于防护与B级电压（表5.2-1）电路直接接触的外露可导电部分，例如，可导电外壳和遮栏，应传导连接到电平台，且满足以下要求［《电动汽车安全要求》（GB 18384—2020）］。

① 外露可导电部分与电平台间的连接阻抗应不大于 0.1Ω；

② 电位均衡通路中，任意两个可以被人同时触碰到的外露可导电部分，即距离不大于 2.5m 的两个可导电部分间电阻应不大于 0.2Ω。

表 5.2-1　电压等级

电压等级	最大工作电压（U）/V	
—	直流	交流
A	$0 < U \le 60$	$0 < U \le 30$
B	$0 < U \le 1500$	$30 < U \le 1000$

3 等电位均衡测试操作

所有维修时拆装过的高压部件（包括拆卸搭铁线）均应该进行等电位均衡测试，等电位均衡测试示意见图5.2-8。

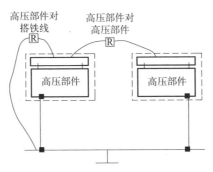

图 5.2-8 等电位均衡测试示意

高压直流变换集成件的等电势检测方法如下。

① 断开高压直流变换集成件的高压接插件。

维修图解

如图 5.2-9 所示，断开高压接插件。

a. 拔出紫色保险销 1；

b. 向外翻转黑色压盖至初始状态 2；

c. 垂直向外拔出插件 3。

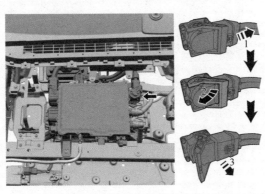

图 5.2-9 断开高压接插件

② 等电位均衡测试。

 维修图解

等电位均衡测试，见图 5.2-10。

a. 检测设备（毫欧表）的输出电流应不小于 0.2A。按照毫欧表操作，设置 1000mA（1A）的电流。

b. 将检测设备红表笔连接高压直流变换集成件的外壳上的紧固件螺栓。

c. 将检测设备黑表笔连接前减振器上端。

d. 检测并记录数据。测试持续时间应大于 5s，高压部件对地电阻测试应小于 100mΩ（0.1Ω），高压部件对高压部件电阻测试应小于 200mΩ（0.2Ω）。

图 5.2-10　等电位均衡测试

三、高压绝缘电阻检测

（1）检测对象

维修车辆所有进行拆装过的高压部件，包括拆卸搭铁线，均需要进行高压绝缘电阻检测。

（2）检测设备

测试设备（兆欧表）输出电压大于测试部件高压部件最高电压（500V）。

（3）检测要求

检测的持续时间大于 60s，电压应施加在高压部件正 / 负极与金属外壳之间，如果有外露的交流侧端子，也要测试交流端子。高压绝缘电阻检测示意见图 5.2-11。

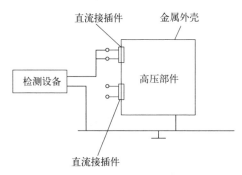

图 5.2-11　高压绝缘电阻检测示意

维修图解

① 断开电驱高压线束接插件，见图 5.2-12。

图 5.2-12　断开电驱高压线束接插件

② 按照检测设备（兆欧表）指示操作，电压设置为 500V。

③ 分别检测如图 5.2–13 所示的接插件的两个端子。将检测设备（兆欧表）红表笔连接电驱线束接插件 HV+，黑表笔连接前减振器上端。

④ 记录数据，大于 5MΩ 为合格。

图 5.2–13　电驱高压绝缘电阻检测

四、高压互锁

1 高压互锁结构

高压互锁的作用及其电路在本章第一节"高压互锁电路图"部分已经介绍，这里不再赘述。高压接插件的互锁结构见图 5.2–14 和图 5.2–15。

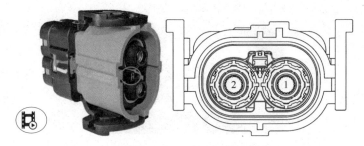

图 5.2–14　高压互锁接插件
1—快充（－）；2—快充（＋）

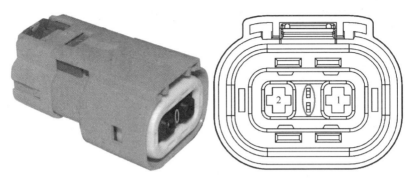

图 5.2-15 加热器高压互锁接插件
1—PTC（＋）；2—PTC（－）

维修图解

这里介绍的高压互锁接插件的结构，所指的就是有型的结构互锁，其互锁示意如图 5.2-16 所示。

① 高压断开时，低压回路被切断。也就是说，当高压接插件插座和插头处于断开的状态下，中间的互锁端子也断开。

② 高压连接时，低压回路端子被短接。也就是说，当高压接插件的插座和插头在连接的状态下，中间的互锁端子也处于一个连接的状态，这样形成了完整的回路。

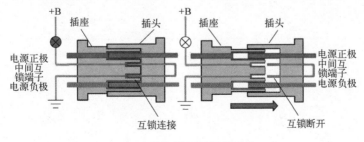

图 5.2-16 高压接插件结构互锁示意

2 高压互锁控制逻辑

互锁信号通常从电池管理控制单元发出并进行监测。

互锁信号是一种低压信号（0～12V），以导线回路的形式，沿着整个高压车载电气系统导线回路排布（图5.2-17），经过除了直流和交流充电插座以外的所有高压部件及其电气接头，以及高压电气保护盖板（受跳线保护的盖板）。

拆下电气接头或电气盖板异常打开，都会导致互锁回路中断。

当回路中的信号传输中断时，动力电池内部的高压电接触器就会断开，整车高压系统关闭，以防止发生触电事故。

维修图解

高压互锁回路是根据自身车辆的具体控制来分段设计的，通常高压互锁的控制大概会分成几个回路，有的是独立的，有的则是几个高压部件构成一个互锁回路。

如图5.2-17所示，BMS监测动力电池、PDU和空调压缩机高压互锁回路，车载充电机三合一控制监测后电机、快充和慢充电高压系统互锁回路，而水加热PTC总成为单独的高压互锁回路。

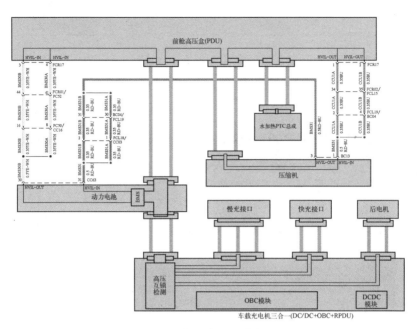

图 5.2-17 高压互锁电路

3 高压互锁三种工况

高压互锁工况包括以下三种。

① 正常上电行驶过程中，如果高压互锁发生故障，则互锁电路断开，这种情况下不会导致车辆失去动力，但仪表会出现红色故障报警。一旦停车，高压系统将关闭，无法再次启动。

② 当换挡杆位于 D 位时，如果打开机舱盖，高压互锁电路会自动关闭高压系统。

③ 当充电时，如果互锁电路发生故障，则接触器立即断开，并切断高压系统。

4 软件互锁

　　相对于结构互锁，软件互锁会省去硬线连接，而是由电池管理系统（BMS）或整车控制器（VCU）监测高压元件的电压值，以判断是否需要执行互锁功能。

维修图解

　　　　如图 5.2-18 所示，比亚迪 D1 车型的结构互锁只有 DC 配电二合一总成。而软件互锁包括 PTC、压缩机、前电动总成和动力电池包。点火开关在 OK 挡，BMC 实时巡检，电压欠压 BMC 软件互锁会执行相应的功能，报互锁故障。

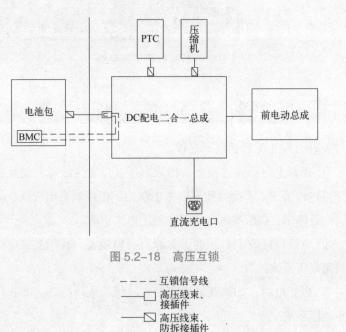

图 5.2-18　高压互锁

五、直流快充系统

1 直流充电系统构成

直流充电桩、充电枪、充电接口、动力电池、高压配电盒等组成了直流充电系统（图5.2-19）。直流充电桩是把380V交流电通过内部整流升压为高压直流电，充往车辆直流电压的高低，取决于该车辆动力电池的额定工作电压，但是由充电桩实施完成。同时，直流充电桩有过压保护、欠压保护、过载保护、短路保护、接地保护、过温保护、防雷保护、漏电保护等安全功能。

图 5.2-19 直流充电桩 / 充电枪 / 充电接口

2 直流快充逻辑

直流快充系统输入的是直流电，不需要通过车载充电机。当充电枪连接到整车直流充电插座时，直流充电设备向 BMS 发送充电唤醒信号，BMS 开始工作并进行自检，如果自检无异常，同时 BMS 接收到充电连接确认信号以及充电信号，BMS 闭合快充继电器和主负继电器，开始充电。充电完成后，BMS 向充电桩发送充电停止指令，待充电桩停止充电后，BMS 切断快充继电器和主负继电器，充电结束（图5.2-20）。

图 5.2-20　直流充电示意

3　国标直流充电插口

　　直流充电插座一端接直流充电枪，另一端通过高压线束连接至后高压配电盒，并充电至动力电池包，通过高压导线上的支架固定到车身上（图 5.2-21）。

　　直流充电插座属于车辆高压元件，贴有高压警示标签，防护等级为 IP54（国际通用的电气设备外壳防护等级标准，IP54 表示防尘为 5 级、防水为 4 级），当直流充电插座与插头连接后，防护等级达到 IP55。

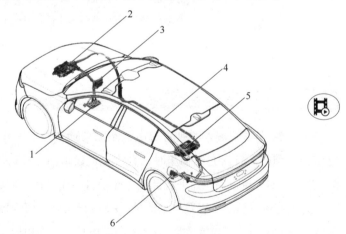

图 5.2-21　充电系统

1—电池包高压线束；2—HVDI（高压直流变换集成件）；3—VCU（车辆控制器）；4—高压线束总成（高压直流变换集成件至后高压配电盒）；5—后高压配电盒；6—直流充电插座总成

维修图解

　　如图 5.2-22 所示，直流充电插座采用国标 9 端孔插口，内部具有接地触头。当插座与插头连接时，触头最先接通，断开时，触头最后断开，以确保充电插拔过程中的高压安全。直流充电插座具备防触电保护措施，当充电插头插入充电插座时，控制端子晚于 DC+ 端子及 DC- 端子连接，当拔出充电插头时，控制导引端子早于 DC+ 端子及 DC- 端子断开

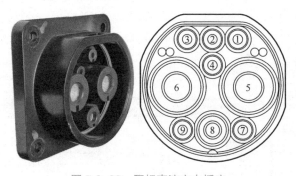

图 5.2-22　国标直流充电插座
1—S+；2—CC2；3—S-；4—CC1；5—DC+；6—DC-；7—A+；8—PE；9—A-

维修图解

　　如图 5.2-23 所示，显示了国标直流充电插口各孔端的电路走向。

　　① DC+ 和 DC-：这两个端子分别表示高压直流的正极和负极，提供电流，用于给动力电池充电。

② CC1和CC2：这两个端子用于充电连接确认，用于检测充电枪是否插好，确保充电桩和车辆之间的连接正确无误。其中，CC2为车辆端，CC1为充电桩端。

③ S+和S-：这两个端子用于CAN通信，供车辆与充电桩通信使用，实现充电桩和车辆之间的信息交换，包括安全检测和充电参数的设置。其中，S-为CAN-L，S+为CAN-H。

④ A+和A-：这两个端子提供低压12V辅助电源，用于唤醒车辆的电池管理系统。其中，A+为充电桩输出12V正极，A-为充电桩输出12V负极。

⑤ PE：这个端子接地，同时也是车辆端的负极，确保充电过程中的电气安全。

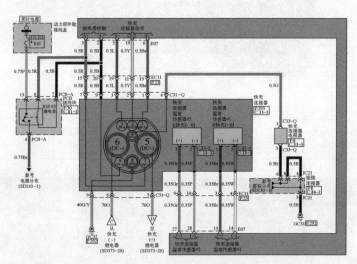

图 5.2-23　国标直流充电插座电路（插口各孔端作用）

4 充电流程

（1）正常充电流程

蔚来 ET5 新能源汽车直流充电唤醒模式是指当直流充电插头接入车辆时，VCU（车辆控制器）接收充电口 A+ 信号被唤醒，VCU 初始化并切换挡位为 P 挡，控制车辆无法挂挡。通过 CAN 发送充电信号给 BGW（车身网关模块），控制车辆模式为充电模式。满足充电条件时，整车控制模块发送直流充电模式，具体见图 5.2-24、图 5.2-25和表 5.2-2。

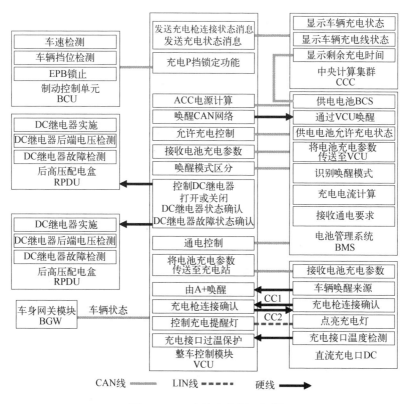

图 5.2-24　直流充电原理框图

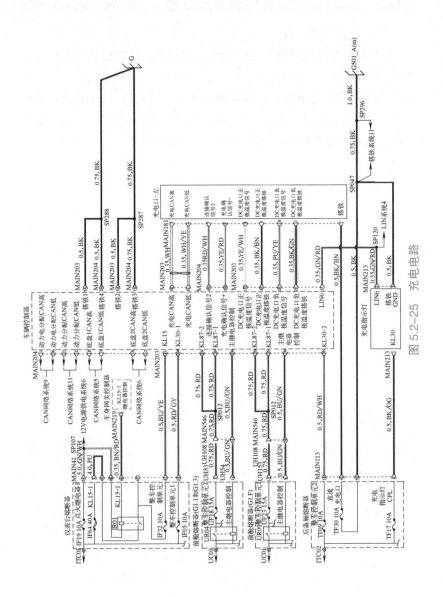

图 5.2-25 充电电路

表 5.2-2 充电流程

步骤	关键流程	说明
1	唤醒	当满足以下所有条件时，VCU 应发送直流充电模式： ① CC2 和 A+ 信号有效； ②车速低于 3～5km/h； ③实际挡位为 P 挡； ④充电端口温度低于 90℃； ⑤车辆状态≠软件刷新 当满足直流充电模式要求时，使用硬线唤醒 BCM。同时实行 EPB 锁止功能，禁止挂挡，发送车辆充电线状态给 CDC，在 IC 上显示充电线已连接
2	充电握手	VCU（车辆控制器）发送直流充电模式至 BMS（电池管理系统）。直流充电机发送匹配协议信号至 VCU（车辆控制器）；BMS（电池管理系统）发送匹配协议信号至 VCU（车辆控制器）。VCU（车辆控制器）检测 CC2 是否已连接，当检测 CC2 已连接时，发送 BMS（电池管理系统）和车辆匹配协议信号给充电机。充电机进行绝缘检测后，发送充电机辨识报文给 VCU（车辆控制器）；VCU（车辆控制器）发送 BMS（电池管理系统）和车辆辨识报文给充电机，完成电池和充电机信息的确认
3	充电参数配置	VCU（车辆控制器）控制 BMS（电池管理系统）进行继电器闭合，充电机收到 BMS（电池管理系统）经 VCU（车辆控制器）传递的充电参数报文后，发送时间同步和充电机最大输出能力参数。判断满足充电条件后，VCU（车辆控制器）向充电机发送充电准备就绪信号。充电机收到传递的电池充电准备就绪信号后，反馈充电机准备就绪信号
4	充电进程	BMS（电池管理系统）实时计算充电电压和电流需求，并经 VCU（车辆控制器）发送给充电机。VCU（车辆控制器）与直流充电机实时交互电池电压、温度、充电状态等信息。充电机根据电池需求时刻调整充电电压和充电电流，保证充电过程正常进行
5	充电结束	BMS（电池管理系统）判断电量是否已充满，并发送电池已充满信号给 VCU（车辆控制器）。VCU（车辆控制器）判断是否需要结束充电，并发送充电完成信号给充电控制模块。最终 VCU（车辆控制器）控制 BMS（电池管理系统）断开继电器，控制电力系统关闭，结束充电
6	充电指示灯	VCU（车辆控制器）监测充电进程状态，并通过 LIN（本地内部链接网络）网络发送指示灯状态和颜色到充电指示灯控制单元。BMS（电池管理系统）通过 CAN（控制器局域网）网络发送电池电量状态，CDC（多媒体系统主机）控制显示屏显示电池电量状态

（2）异常情况

① 充电口过温：检测到充电口温度传感器正常，温度高于80℃开始限流（20A），温度高度90℃发送BST中止充电。检测到单一温度传感器故障时，限制充电电流为最大；VCU检测到温度传感器全部故障时，限制充电电流低于20A。

② 充电桩超时：检测到桩端信号超时后，VCU发送BEM提示告警信息，等待桩端的充电识别信息重连。此时等待重连时间30s，重新连接次数3次。

③ 禁止充电。

a. 当VCU检测到自身当前不允许充电后，应发出电池包停止充电信号告知充电桩此时充电中止。等待桩端再次的充电识别信息请求，如超时30s未等到充电识别信息请求，走休眠流程，或者直接进入休眠流程。

b. 当检测到桩端发出充电桩停止充电信号时中止充电（CST内有故障原因置位，且非人工中止，BMS中止，达到设定条件中止）。

ⓐ 充电指示灯可提示故障状态，当前充电流程结束后，等待桩端再次握手请求，如超时30s未等到充电识别信息请求，走休眠流程。

ⓑ 充电指示灯不能提示故障状态，此插枪循环不再响应桩端的充电识别信息请求，走休眠流程。

④ BMS检测过流故障：当检测到电池包实际充电电流大于设定充电电流10A，且持续3s，BMS会停止充电。

5 直流充电座等电势检测

维修图解

如图 5.2-26 所示，将检测设备（毫欧表）红表笔连接充电插座总成 PE 接地点，将检测设备黑表笔连接车身搭铁端。测试结果应该不大于 100mΩ 为合格。

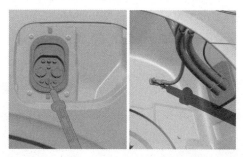

图 5.2-26　直流充电座等电势检测

6 直流充电座绝缘检测

断开高压配电盒的车内高压接插件（图 5.2-27，蔚来汽车），然后进行充电座总成绝缘检测。

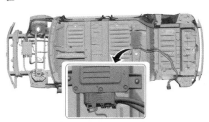

图 5.2-27　断开高压配电盒的车内高压接插件

维修图解

如图 5.2-28 所示，进行充电座总成绝缘的检测。

① 按照检测设备指示操作，电压设置为 500V。

② 将检测设备（兆欧表）红表笔连接直流充电插座接插件 DC−，黑表笔连接直流充电插座 PE 接地点。

③ 将检测设备（兆欧表）红表笔连接直流充电插座接插件 DC+，黑表笔连接直流充电插座 PE 接地点。

④ 记录数据，数据分别都大于 $5M\Omega$ 合格。

图 5.2-28　直流充电座绝缘检测

 六、交流慢充

1 充电时间长

交流充电是指将 220V 的交流电传递给车载充电机（或集成车载电源系统），车载充电机将交流电变换为直流电，并给动力电池充电。家用 220V 的交流电，通常大部分最大的也就是 16A 的即可够用，最

大的有32A（比亚迪单相交流充电盒规格就有32A的，见图5.2-29）。但新能源汽车动力电池能量都很大，例如2024年款比亚迪汉EV荣耀版前驱旗舰型的动力电池的能量是85.44kW•h，也就是85.44度电，充满电的时间相对快充要多几倍甚至十几倍。

图 5.2-29　比亚迪单相交流充电盒

比亚迪交流充电连接装置是随车配送的（220V/AC/50Hz/8A），由供电插头、充电枪、充电枪保护盖、充电线缆等组成，可插家用220V、10A插座，为车辆充电（图5.2-30）。

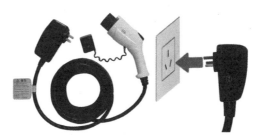

图 5.2-30　比亚迪随车交流充电装置

2 交流慢充基本控制逻辑

在交流充电中，VCU被OBC唤醒，当接收到OBC发出的交流充电连接确认信号（CC、CP）、BMS发出的高压互锁状态为闭合时，若条件允许，则向BMS发送充电允许信号，然后BMS同时闭合主正继电器以及主负继电器，开始充电。充电开始后，当IPU接收到 VCU 的交流充电命令后内部 DC/DC 开始工作，为蓄电池充电（图 5.2-31）。充电完成后 VCU 停止 DC/DC 工作，然后向 BMS 发送断开主继电器命令，充电结束。

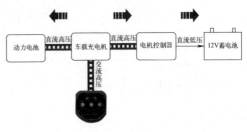

图 5.2-31　交流慢充示意

维修图解

新能源智能网联汽车小米的交流充电控制逻辑（图 5.2-32）如下。

交流充电插枪后，集成式充电系统 CCU 接收到充电桩、BMS 等就绪的信号，同时根据相关信号判断挡位、车辆状态等是否符合充电启动条件，然后车辆开始充电。

CCU 根据中控显示屏或远程 App 中设置的充电时间、电流大小等信息进行充电控制。同时充电电流的大小根据动力电池的状态进行实时调整。在充电过程中会根据事件状况启动相应的响应机制，例如启动热管理系统，对动力电池进行散热或者加热等。CCU 判定满足充电结束条件或收到充电结束请求时终止充电。

图 5.2-32　交流慢充示意

3 集成式充电系统功能

集成式充电系统通常为"三合一"或者"二合一"。三合一车载充电系统集成 OBC、双向逆变、DC/DC、PDU 功能；二合一车载充电系统集成 OBC、双向逆变、DC/DC 功能。集成式车载充电系统见图 5.2-33，其功能如下。

① 将电网的 220V 交流电转换成高压直流电给动力电池充电。

② 将高压直流电转换成低压直流电，给整车低压负载及蓄电池供电。

③ 动力电池往外放电，通过直流 – 交流转换，对外输出 220V 交流电。

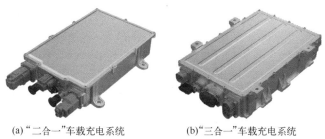

(a)"二合一"车载充电系统   (b)"三合一"车载充电系统

图 5.2-33　集成式车载充电系统

4 交流慢充充电流程

维修图解

广汽埃安 VE 交流充电枪充电流程如下。

如图 5.2-34 和图 5.2-35 所示。

① 连接交流充电枪到交流充电插座，集成电源系统通过测量 CC 点与 PE 点之间的电阻值来判断交流充电插头与插座是否完全连接。

整车控制器接收到完全连接的信号后，控制电子锁闭合，锁定车辆充电插头并在整个充电过程中保持。

② 集成电源系统检测到交流充电插头与插座已完全连接，开始自检。

在自检完成且没有故障的情况下，并且电池组箱处于可充电状态时，集成电源系统闭合内部开关 S2，车辆准备就绪。

③ 充电枪一端连接交流电网后，内部控制装置进行自检，自检无故障后测量 CP 点电压值判断车辆是否准备就绪。

检测到车辆准备就绪后，闭合内部接触器使交流供电回路导通。车辆进入充电状态。

④ 充电过程中，集成电源系统周期性检测 CC 点和 CP 点信号，确认充电连接状态，并根据 CP 点占空比实时调整直流电输出功率。

⑤ 整车控制器在充电过程中检测充电连接处温度。

当温度过高时，限制充电电流，严重时，停止充电以保证充电过程的安全。

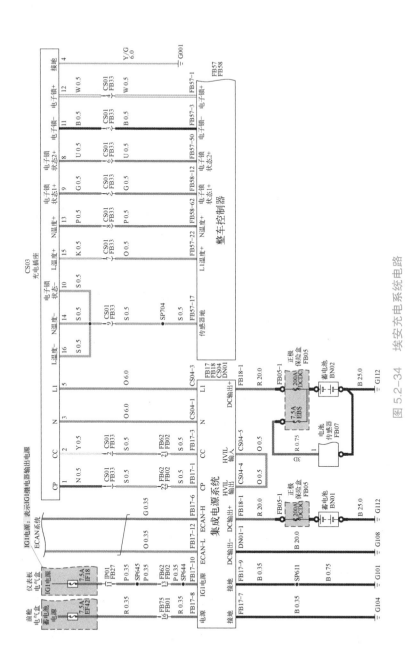

图 5.2-34 埃安充电系统电路

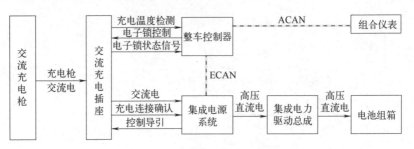

图 5.2-35　交流充电枪充电流程示意

5　交流充电插座绝缘检测

断开车载充电机端交流充电线束接插件，然后进行交流充电插座绝缘检测。

维修图解

交流充电插座绝缘检测见图 5.2-36。

① 按照检测设备（兆欧表）指示操作，电压设置为 500V。

② 将检测设备（兆欧表）红表笔分别连接交流充电插座接插件 L1 和 N，黑表笔连接交流充电插座 PE 接地点。

③ 记录数据，数据分别都大于 5MΩ 为合格。

红表笔　黑表笔　　　黑表笔　红表笔

图 5.2-36　交流充电座绝缘检测

6 交流充电插座等电势检测

① 按照检测设备（毫欧表）操作，设置 1000mA 的电流。

② 将检测设备（毫欧表）红表笔连接到交流充电插座总成 PE 接地点。

③ 将检测设备（毫欧表）黑表笔连接到前减振器金属上端。

④ 检测结果应不大于 100mΩ 为合格。

七、电动空调压缩机

1 电动压缩机构造

新能源汽车电动压缩机由涡旋盘、三相永磁同步电机（转子、定子）、变频器（控制器）、压缩机缸体、高压线束、通信接口等部件组成（图 5.2-37）。

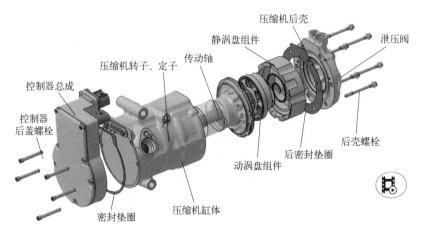

图 5.2-37 电动压缩机构造

维修图解

如图 5.2-38 所示，电动压缩机上的铭牌标明制冷剂类型、冷冻油型号及用量、压缩机型号、工作电压等。

图 5.2-38　压缩机铭牌信息

2 电动压缩机工作原理

动力电池向压缩机变频器供电，变频器将直流电转化为交流电，向三相永磁同步电机输出交流电，三相永磁同步电机带动涡旋式压缩机运转，将低压气体制冷剂压缩成高压气体。

维修图解

新能源汽车空调的工作原理与传统汽车一样，不同的是新能源汽车使用的是涡旋式压缩机，其工作原理（图 5.2-39）如下。

涡旋式压缩机的静涡盘固定在外壳不动，电机偏心轴驱动动涡盘。动涡盘不做旋转，而是做小范围位移，静涡盘与动涡盘之间的相对位置不断变化，压缩制冷剂，形成高压，从压缩机输出口排出。

图 5.2-39 涡旋式压缩机工作原理
1—静涡盘；2—动涡盘

3 电动空调压缩机等电势检测（图 5.2-40）

① 按检测设备（毫欧表）指示操作，选择"1000mA 电流"。

② 将检测设备（毫欧表）红表笔连接到压缩机总成金属壳体。

③ 将检测设备（毫欧表）黑表笔连接到 HVDI 接地线接地点。

④ 记录数据，不大于 100mΩ 为合格。

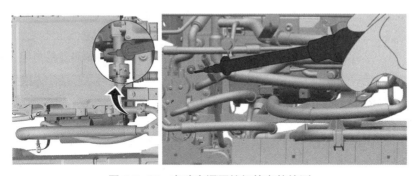

图 5.2-40 电动空调压缩机等电势检测

4 电动空调压缩机绝缘检测

① 车辆维修手册标明绝缘电阻数据的，按照维修手册执行。

维修图解

　　例如，对于新能源汽车蔚来，操作方法如下（图5.2-41）。

　　a. 按检测设备（兆欧表）指示流程操作（选择大于500V电压）。

　　b. 将检测设备（兆欧表）红表笔连接到压缩机高压线束接插件HV+/HV-。

　　c. 将检测设备（兆欧表）黑表笔连接到HVDI接地线接地点。

　　d. 分别记录数据，大于5MΩ为合格。

图5.2-41　电动空调压缩机绝缘检测

　②车辆维修手册未标明绝缘电阻数据的，需要计算最低绝缘电阻。

维修图解

　　a. 按照车辆铭牌上标注的额定电压乘以500Ω来计算最低绝缘阻值。

　　例如，某车动力电池额定电压为520V，绝缘电阻即

　　$520 \times 500 = 260000（Ω）= 260（kΩ）= 0.26（MΩ）$

　　因该车额定电压为520V，测量时，兆欧表的量程应选择大于所测电压，应选择1000V挡位。

　　b. 兆欧表黑表笔连接到电动空调压缩机外壳进行测量，如图5.2-42所示。

5 电动空调压缩机管压降检测

如图 5.2-43 所示，用万用表检测压缩机逆变器管压降。红表笔连接高压插头 1，黑表笔连接高压插头 2，如果测得有管压降，再更换表笔交替测量（红表笔连接高压插头 2，黑表笔连接高压插头 1），若不通，为正常。

 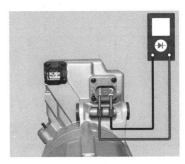

图 5.2-42　电动空调压缩机　　　　图 5.2-43　电动空调压缩
　　绝缘检测示意　　　　　　　　（逆变器）机管压降

6 电动空调压缩机线圈检测

（1）线圈电阻检测

维修图解

拆下电动压缩机逆变器，用万用表检查压缩机电机线圈（图 5.2-44），两两交替测量三相 U、V、W 端子之间的电阻（表 5.2-3）。

如果三相电阻值不符合规定，说明电机线圈存在故障，通常需要更换压缩机总成或壳体来解决，如果想试着维修电机线圈，则需要加热压缩机壳体，然后取出电机线圈，视情况确定更换总成还是专门维修电机线圈。

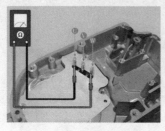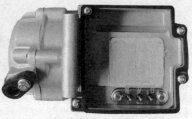

图 5.2-44　电动空调压缩机线圈检测

表 5.2-3　检测电动压缩机线圈

检测端子	U–V	V–W	W–U	备注
正常阻值	约 0.5Ω	约 0.5Ω	约 0.5Ω	根据车辆而定

（2）线圈绝缘电阻检测

使用兆欧表，检测线圈绝缘电阻。三相 U、V、W 端子分别与电动压缩机壳体接地检测，绝缘电阻应与上述"4. 电动空调压缩机绝缘检测"一致。

八、电机转子的拆装

1 电机转子端盖总成结构

新能源汽车蔚来 ES8 驱动电机和减速器之间连接端，采用大外圆止口定位，O 形圈径向密封，驱动电机轴与减速器轴采用花键连接，电机轴为外花键，端部加有 O 形圈，密封润滑脂。电机零部件、电机转子端盖总成以及零部件等见图 5.2-45～图 5.2-50。

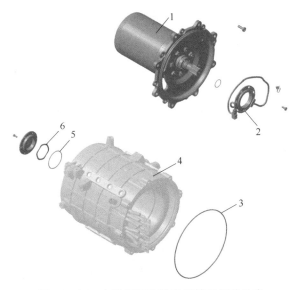

图 5.2-45　电机零部件及电机转子端盖总成

1—电机转子（电机转子端盖总成）；2—旋变传感器（旋变定子总成）；3，5—O 形圈；4—电机定子（电机壳体）；6—波形弹簧

图 5.2-46　端盖总成

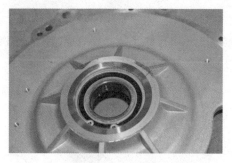

图 5.2-47　端盖

图 5.2-48　电机后轴承及波簧

图 5.2-49　后轴承

图 5.2-50　电机前轴承及卡簧

2 拆装电机端盖总成

（1）拆卸事项

① 拆下速度传感器（图 5.2-51）。

② 对六相铜排和温度传感器线束进行防护保护。

③ 如图 5.2-52 所示，拆下转子端盖总成上的 8 个固定螺栓。

图 5.2-51　拆下速度传感器　　图 5.2-52　拆下转子端盖总成螺栓

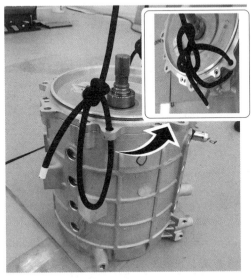

图 5.2-53　用绳子对称系牢

④ 使用长度 2m 左右的绳子，如图 5.2-53 所示对称系牢。
⑤ 使用专用工具拔出转子端盖总成。

维修图解

如图 5.2-54 所示，拔出转子端盖总成。

a. 松开端盖螺栓后，端盖较紧，需用橡皮锤敲打端盖下边缘。

b. 拔出转子时，手扶调整保护，防止转子与定子过度摩擦。

图 5.2-54 拔出转子端盖总成

⑥ 拆下波形弹簧，见图 5.2-55。该零件为一次性零件，不可重复使用，安装时须使用新的。

（2）安装事项

① 装上新的波形弹簧。

② 使用专用工具安装转子端盖总成。

图 5.2-55 波形弹簧

a. 安装防护 PP 薄片。

维修图解

如图 5.2-56 所示，检查相关零部件，安装防护 PP 薄片。

安装前需检查壳体定位销是否缺失，然后将 PP 薄片对称放置定子端，推荐规格为 PP 硬质胶片，A4 尺寸 2 张，厚度 0.3 ~ 0.4mm。

图 5.2-56 定子中放置 PP 薄片

---

b. 安装转子端盖总成于定子中。

维修图解

　　下落转子端盖总成；如图 5.2-57 所示，目视转子落入定子至 PP 薄片抱住转子且壳体上表面和端盖下表面间距约 160cm 时，可取出 PP 薄片。

图 5.2-57　测量壳体上表面和端盖下表面间距

　　c. 调整和复位线束位置。

维修图解

　　如图 5.2-58 所示，调整六相铜排和温度传感器线束位置，并对准定位销，完全落下转子端盖总成。

图 5.2-58　调整六相铜排和温度传感器线束位置

③ 安装 8 个螺栓，拧紧至 34Nm。

④ 转动转子轴验证转动是否顺畅，无阻尼卡滞；检测转子轴情况，然后复位速度传感器。

维修图解

如图 5.2-59 所示，使用专用工具（指针式千分尺）检测转子轴跳动量，应 ≤ 0.035mm。

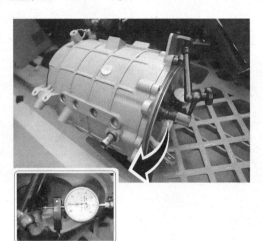

图 5.2-59　检测转子轴跳动量

九、驱动电机气密性测试

大修或者拆卸过驱动电机壳体，安装完毕后，通常需要对电机的密封性能进行检测。如果电机密封不良，慢慢地灰尘、水分等杂质就会渗入驱动电机内部，导致发生故障。通过气密性测试，可以确保驱动电机良好的密封性，避免漏电等故障。测试标准按照主机厂维修手册标准和要求执行。常见的方法为压力检测方法，这里涉及专用工具和设备（表5.2-4），以下是蔚来ET5的前逆变器壳体气密测试（图5.2-60）。

表5.2-4　所需工具

工具编号	工具名称	工具编号	工具名称
EDS-0042	电驱气密测试工装组套	ESS-0009	气密测试设备（流量）
EDS-0024	气密测试设备（压力）	ESS-0033	气密测试设备（压力）

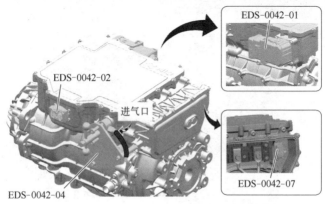

图5.2-60　气密测试

（1）流量测试

使用ESS-0009气密测试设备（流量）进行测试。

① 将电机气密测试工装组套安装到前逆变器，将气密测试设备（流量）连接至进气口。

② 设置测试参数（表5.2-5），开启测试。

③ 记录数据，泄漏量应该小于10mL/min为合格。

表5.2-5　参数设置（一）

测试体积	对比罐	体积系数	测试压力	充气时间	保持时间	测试时间	泄压时间	泄压阈值
4.525L	5L	1.907	0.2bar	20s	30s	10s	5s	10mL/min

注：1bar=10^5Pa。

（2）压力测试

使用 ESS-0024 气密测试设备（压力）/ESS-0033 气密测试设备（压力）进行测试。

① 将电机气密测试工装组套安装到前逆变器，将气密测试设备（压力）连接至进气口。

② 设置测试参数（表 5.2-6），开启测试。

③ 记录数据，泄漏量小于 35Pa 为合格。

表 5.2-6　参数设置（二）

类型	充气压力	保持上限	保持下限	充气时间	保持时间	测试时间	最大泄压值
高压	20kPa	22kPa	18kPa	100s	30s	10s	35Pa

十、动力电池和电驱冷却系统

1 冷却系统结构部件

冷却系统利用热传导的原理，通过冷却液在冷却系统回路中循环，使 PEU-F（前逆变器）、PEU-R（后逆变器）、驱动电机、高压直流变换集成件和电高压池保持在最佳的工作温度。

维修图解

如图 5.2-61 所示，新能源汽车冷却系统主要由智能膨胀水壶总成、低温散热器总成、冷却风扇总成、冷却液温度传感器、冷却液水管等组成。

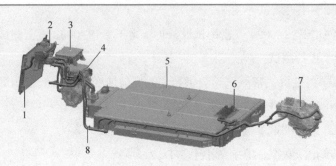

图 5.2-61　冷却系统

1—低温散热器总成；2—智能膨胀水壶总成；3—高压直流变换集成件；4—前 EDS(电驱系统)；5—动力电池包；6—ADC(ADAS 主控制器)；7—后 EDS(电驱系统)；8—冷却液水管

（1）冷却水泵（图 5.2-62）

冷却水泵的作用是对冷却液加压，保证其在冷却系统中循环流动。系统中安装 2 个水泵，均为 BLDC（无刷直流电机），额定功率为 50W。2 个冷却水泵主要负责电驱动系统冷却循环（电机冷却水泵）、高压电池冷却循环（电池冷却水泵），不同模式需求，各自工作。

图 5.2-62　冷却水泵

1—冷却水泵；2—O 形圈［冷却水泵到流道板（小）］；3-O 形圈［冷却水泵到流道板（大）］

维修图解

　　冷却水泵接插件为 3 线式，分别是电源、接地及 LIN 控制信号线，由VCU(车辆控制器)进行水泵占空比控制，见图5.2-63。

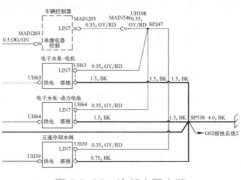

图 5.2-63　冷却水泵电路

　　（2）五通阀（图5.2-64）

　　五通阀为步进式无刷直流电机。根据系统模式控制需求，用于打开和关闭各个通道，实现不同冷却模式的冷却循环。五通阀接插件为3 线式，分别是电源、接地及 LIN 控制信号线（图5.2-63），由 VCU（车辆控制器）进行冷却水泵占空比控制。

　　（3）电池冷却器（图5.2-65）

图 5.2-64　五通阀

图 5.2-65　电池冷却器
1—电池冷却器本体；2—膨胀阀截止阀；
3—低压力温度传感器

　　电池冷却器由电子膨胀阀截止阀和电池冷却器本体等组成，电池冷却器本体内部有制冷剂管路和冷却液管路，工作时对高压电池包中的冷却液进行散热。

　　膨胀阀截止阀接插件为3线式，分别是电源、接地及LIN控制信号线，由CCU（空调控制单元）进行膨胀阀开度控制。低压力温度传感器接插件为4线式，将温度信号、压力信号传输给CCU（空调控制单元）。

　　（4）智能膨胀水壶（图5.2-66）

　　智能膨胀水壶将冷却系统多部件集成，从而减少整车冷却管路的长度，可以有效减少因管路过长造成的冷却系统故障，也提高了冷却系统的排气效率。

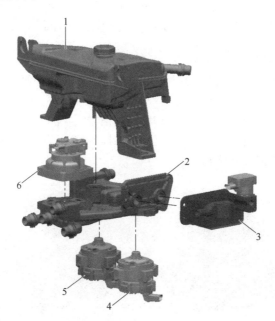

图5.2-66　智能膨胀水壶

1—壶体总成；2—流道板；3—电池冷却器总成；4—电池冷却水泵；5—电机冷却水泵；6—五通阀总成

2 冷却系统控制逻辑

（1）冷却系统冷却模式

车辆控制器（VCU）根据不同模式，控制 5 通阀的位置来改变冷却液流向。控制逻辑见图 5.2-67 和表 5.2-7、表 5.2-8。

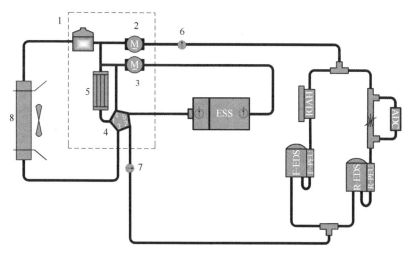

图 5.2-67　冷却模式

1—智能膨胀水壶总成；2—电机水泵；3—电池水泵；4—五通阀；5—低压换热器；6—EDS（电驱系统）入口温度传感器；7—EDS（电驱系统）出口温度传感器；8—散热器

表 5.2-7　5 通阀控制

运行模式	内容 / 说明		
冷却模式 /5 通阀模式	5 通阀		
	EDS 回路	ESS 回路	旋转角度
被动冷却模式 1	2 → 3	5 → 3	120°
主动冷却模式 2	2 → 3	5 → 1	160°
旁通模式 2、模式 3	2 → 1	5 → 4	200°
普通模式 1、模式 4	2 → 3	5 → 4	45°
模式 5（预留）	2 → 4	5 → 4	75°
主动加热、被动加热模式 6	2 → 1	5 → 1	0°

表 5.2-8　冷却系统控制逻辑（5 通阀）

运行模式		内容 / 说明
冷却模式		
主动冷却模式（5 通阀模式 2，160°）	运行逻辑	主动冷却模式中，5 通阀处于模式 2（160°）位置，此时 5 通阀 1、5 号口相通，电池冷却系统独立运行；5 通阀 2、3 号口相通，电驱冷却系统独立运行
	图示	
被动冷却模式（5 通阀模式 1，120°）	运行逻辑	被动冷却模式中，5 通阀处于模式 1（120°）位置，此时 5 通阀 2、3、5 号口相通，电池冷却系统中的冷却液不经过换热器，与电驱冷却系统中的冷却液一同经过外部散热器
	图示	
旁通模式		
旁通模式 1（5 通阀模式 4，45°）	运行逻辑	旁通冷却模式 1 中，5 通阀处于模式 4（45°）位置，此时 5 通阀 2、3 号口相通，电驱冷却系统中的冷却液经过外部散热器；5 通阀 4、5 号口相通，电池冷却系统中的冷却液不经过换热器
	图示	
旁通模式 2（5 通阀模式 3，200°）	运行逻辑	旁通冷却模式 2 中，5 通阀处于模式 3（200°）位置，此时 5 通阀 1、2 号口相通，电驱冷却系统中的冷却液经过换热器；5 通阀 4、5 号口相通，电池冷却系统中的冷却液不经过换热器

运行模式			内容／说明
旁通模式	旁通模式2（5通阀模式3，200°）	图示	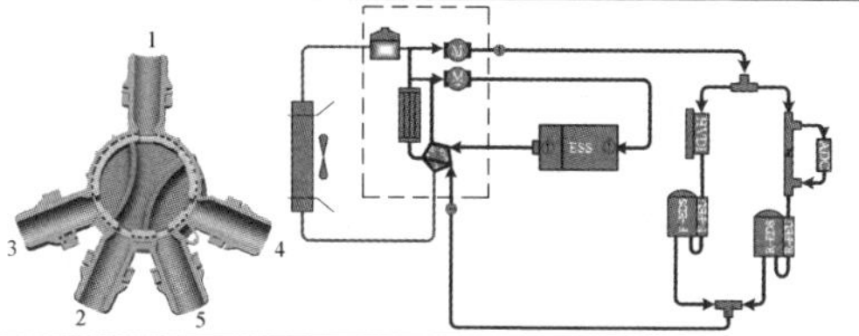
加热模式	主动加热模式（5通阀模式6，0°）	运行逻辑	主动加热模式中，5通阀处于模式6（0°）位置，此时5通阀1、2、5号口相通，电驱冷却系统中的冷却液、电池冷却系统中的冷却液都经过换热器
		图示	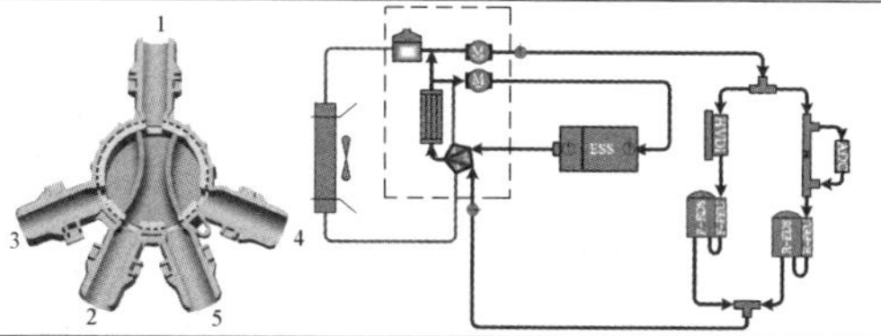
	被动加热模式（5通阀模式6，0°）	运行逻辑	被动加热模式中，5通阀处于模式6（0°）位置，此时5通阀1、2、5号口相通，电驱冷却系统中的冷却液、电池冷却系统中的冷却液都经过换热器
		图示	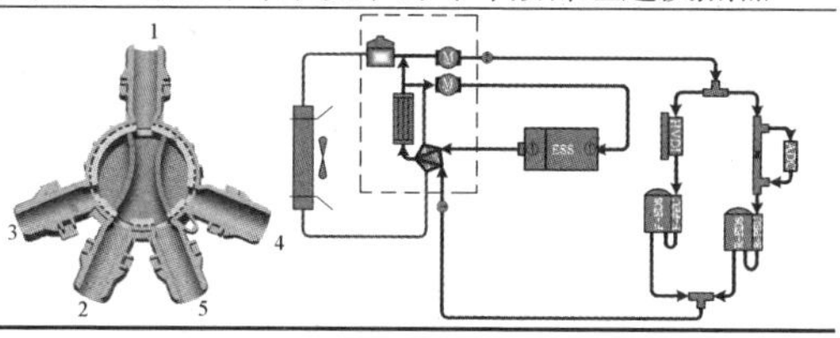

（2）高压电池包冷却系统控制

① 当高压电池包温度≥5℃时，车辆控制器（VCU）控制水泵工作，最大泵速在15L/min；控制水泵先工作，冷却液温度不同，泵速不同，温度低时泵速低，温度高时泵度高；当主动加热模式系统停止工作时，控制水泵继续工作10s，避免管路内冷却液温度过高气化。

② 当高压电池冷却液温度高于标定控制温度值时，会控制冷却模式启动。冷却模式控制会有一个滞后温度值，当冷却温度低于迟滞温度时，冷却模式停止，用于消除信号切换时的温度变化。

③ 当高压电池冷却液温度低于标定控制温度值时，会控制加热模式启动。加热模式控制会有一个滞后温度值，当冷却温度高于迟滞温度时，加热模式停止，用于消除信号切换时的温度变化。

（3）驱动系统冷却水泵控制

① 电机运行后要求：当定子温度 > 65℃时，VCU（车辆控制器）控制水泵流量应至少为 8L/min 或 PWM 命令为 Max；定子温度 < 63℃（滞后）或没有高压请求超时 300s（5min）后，车辆控制器 VCU 控制水泵退出。

② 水泵流量控制。

a. 当高压开启时，VCU（车辆控制器）应确保最小流量（6L/min），但在充电过程中 EDS（电驱系统）没有工作，VCU（车辆控制器）可以停止 EDS（电驱系统）水泵节能。在车辆运行或高压电池包更换期间，如果 EDS（电驱系统）回路的冷却液温度高于高压电池包回路 15℃，则不会启动 5 通阀控制，确保独立回路。当 VCU（车辆控制器）接收不到 5 通阀位置信号时，会控制 3 个水泵高速运行。

b. 当 VCU（车辆控制器）检测任何 1 个水泵出现故障后，会控制：

ⓐ 禁用故障泵通道上的 EDS（电驱系统）；

ⓑ 要求另一个水泵的最大流量；

ⓒ 将车速限制在 60km/h；

ⓓ 启用系统错误指示灯。

③ 当车辆控制器 VCU 检测 2 个水泵都出现故障后，车辆控制器（VCU）会立即禁用两个电驱系统（EDS）。

（4）冷却风扇控制

VCU（车辆控制器）控制冷却风扇工作，如果空调控制单元 CCU 有冷却风扇工作请求，会发送请求信给 VCU（车辆控制器）。当未满足低压蓄电池大于 11V 和高压开启条件时，车辆控制器 VCU 控制空调控制单元 CCU 请求冷却风扇开启请求失效。

① 当满足以下条件之一时，车辆控制器 VCU 控制冷却风扇工作。

a. EDS（电驱系统）冷却循环需要最大流量（驱动电机温度滑动太快 / 逆变器温度滑动太快 / 冷却液温度过高）。

b. 热模式进入被动冷却模式。

如果驱动电机温度高于 120℃，则车辆控制器 VCU 将控制风扇工作。

如果散热器入口冷却液温度高于 54℃，则车辆控制器 VCU 将控制风扇工作。

② 当未满足以下所有条件时，车辆控制器 VCU 控制驱动系统请求冷却风扇开启失效。

a. 12V 蓄电池 > 11V；

b. 高压开启；

c. 任一电驱系统 EDS 水泵工作；

d. 环境温度 > 风扇工作的阈值温度（–40℃）；

e. 散热器出口温度 > 10℃。

③ 车辆控制器 VCU 根据以下优先级进行风扇控制：驱动系统组件超温请求风扇工作→ CCU（空调控制单元）设备请求关闭风扇→正常请求。

a. 驱动系统组件超温定义。

ⓐ 驱动电机最高温度 > 130℃（超过 150℃会降额）；

ⓑ PEU（逆变器）最高温度 > 75℃（超过 90℃会降额）；

ⓒ HVDI（高压直流变换集成件）冷却液温度 > 55℃（超过 60℃会降额，超过 85℃会保护性关机）。

b. 温度阈值会有滞后间隔，以防止风扇频繁启停。

十一、热泵空调系统

1 热泵空调特点

① 热泵将热量流经低温处搬运至温度较高的地方，能耗低，所以热泵被誉为能量的"最美搬运工"。

② 循环管路比较复杂。

维修图解

热泵其实就是指空调压缩机，但这个循环系统相对比较复杂，管路和电磁阀很多（图 5.2-68）。但制冷剂的循环回路与普通空调是一样的原理。

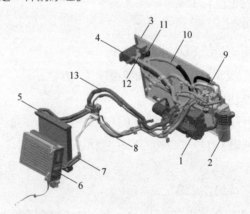

图 5.2-68　热泵空调系统

1—电动压缩机；2—智能集成阀模块；3—外部冷凝器；4—电池冷却器总成；5—蒸发箱；6—PTC 加热器（非制冷剂管路部件）；7—内部冷凝器；8—空调管总成内部冷凝器进出管；9—空调管总成（冷凝器出口）；10—空调管总成（冷凝器进口）；11—空调管总成（压缩机吸气管组件 1）；12—空调管总成（压缩机吸气管组件 2）；13—空调管总成（压缩机吸气管组件 3）

制冷剂集成模块总成（图 5.2-69）安装于前舱右侧前部，由控制电磁阀、电子膨胀阀、主阀体、干燥储液罐、支架等组成，主要用于热泵控制制冷剂走向。

干燥储液罐中干燥包和分子筛集成在一起，调节和保证系统运行所需制冷剂的循环量，存储、干燥、过滤制冷剂，使系统稳定运行。

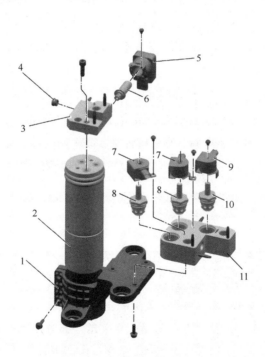

图 5.2–69　制冷剂集成模块

1—支架；2—干燥储液罐；3—主阀体 2；4—调节座；5—电子膨胀阀线圈总成；6—电子膨胀阀阀座总成；7—常开电磁阀线圈；8—常开电磁阀阀体；9—常闭电磁阀线圈；10—常闭电磁阀阀体；11—主阀体 1

③ 通过电磁阀改变了制冷剂的流向，从而使车内的蒸发箱与车外发动机舱的冷凝器可以实现功能切换。

④ 压缩机功率较大，空调制冷和暖风制热都需要压缩机工作。

⑤ 热泵空调系统有内外两个冷凝器。

2 热泵空调运行逻辑

空调制冷就是在车外环境温度较高时降低车内温度，使乘驾人员感到凉爽、舒适。冷却系统主要由电动压缩机、冷凝器、制冷剂集成模块总成、膨胀阀、蒸发箱、高低压管路、电池冷却器等组成。

暖风制热就是在车外环境温度较低时提高车内温度，使乘驾人员感到温暖。暖风系统主要由电动压缩机、内部冷凝器、冷凝器、制冷剂集成模块总成、膨胀阀、高低压管路、高压加热器（PTC）等组成。

蔚来新能源智能汽车的热泵空调系统运行逻辑见表5.2-9。

维修图解

热泵空调系统制冷剂循环回路见图5.2-70。

① 在制冷模式下，压缩机将来自蒸发器的低压、低温蒸气压缩为高压、高温蒸气，输送到冷凝器。

② 在制热模式下，压缩机将来自外部冷凝器的低压、低温蒸气压缩为高压、高温蒸气，输送到内部冷凝器。

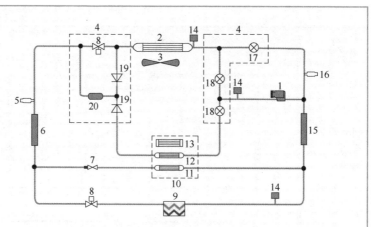

图 5.2-70 热泵空调系统制冷剂循环回路

1—压缩机；2—冷凝器；3—冷却风扇；4—制冷剂集成模块（虚线内）；5—高压加注口；6—同轴管（高压）；7—热力膨胀阀；8—电子膨胀阀；9—低压换热器；10—空调箱（虚线内）；11—蒸发箱；12—内部冷凝器；13—PTC；14—温度/压力传感器；15—同轴管（低压）；16—低压加注口；17—截止电磁阀（常闭）；18—截止电磁阀（常开）；19—单向阀；20—储液干燥器

表 5.2-9 蔚来新能源智能汽车的热泵空调系统运行逻辑

运行模式		内容/说明
制冷/除雾模式	运行逻辑	（1）当空调系统为制冷、除雾模式时，压缩机压缩高温高压气体由压缩机→制冷剂集成模块总成，此时常开电磁阀（内部冷凝器）通电工作，关闭内部冷凝器管路；常闭电磁阀不工作，常开电磁阀（外部冷凝器）不工作，导通压缩机出口管路与外部冷凝器入口管路，制冷剂由外部冷凝器→制冷剂集成模块总成→干燥储液罐→同轴管（高压），制冷剂分两路： ①一路：膨胀截止阀，雾化高温高压液态制冷剂→蒸发箱，液态气化带走热量→低压管路→压缩机 ②另一路：电子膨胀阀，雾化高温高压液态制冷剂→低压换热器，液态气化带走热量→低压管路→压缩机 （2）根据空调系统要求或高压电池包冷却需求，控制制冷剂流经路径 ①单独流经蒸发箱：有空调制冷请求、没有主动冷却请求时 ②单独流经电池冷却器：无空调制冷请求、有主动冷却请求时 ③同时流经蒸发箱和电池冷却器：有空调制冷请求、有主动冷却请求时

续表

运行模式		内容/说明
制冷/除雾模式	图示	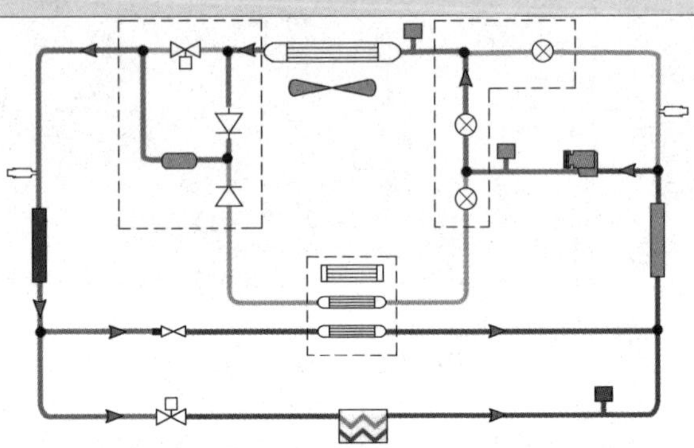
暖风/除雾模式	运行逻辑	（1）当空调系统为暖风、除雾模式时，压缩机压缩高温高压气体由压缩机→制冷剂集成模块总成，此时常开电磁阀（外部冷凝器）通电工作，关闭外部冷凝器管路；常闭电磁阀工作，导通外部冷凝器与压缩机吸气管的连接，常开电磁阀（内部冷凝器）不工作，导通压缩机出口管路与内部冷凝器入口管路。制冷剂流向 ①一路：制冷剂从制冷剂集成模块总成→内部冷凝器→制冷剂集成模块总成→干燥储液罐→同轴管（高压）→电子膨胀阀，雾化高温高压液态制冷剂→低压换热器，液态气化带走热量→低压管路→压缩机 ②另一路：制冷剂从制冷剂集成模块总成→内部冷凝器→制冷剂集成模块总成→干燥储液罐→电子膨胀阀，雾化高温高压液态制冷剂→外部冷凝器，液态气化带走热量→制冷剂集成模块总成→压缩机吸气管→压缩机 （2）PTC 开启条件 ①当单热泵工作可以满足车内制热需求时，前 PTC 关闭 ②当环境温度不允许热泵工作时，前 PTC 开启 ③其余情况热泵和前 PTC 会同时开启 （3）CCU 会发请求给 VCU 申请余热回收，满足以下所有条件时 VCU 会发出反馈信号：允许热交换器总成工作 ①当前空调模式为加热 ②环境温度 ≥ −20℃ ③ EDS 进口温度 > −25℃，EDS 出口温度 >−16℃（如果 ≤ −16℃，低压换热器停止工作）

续表

运行模式		内容 / 说明
暖风 / 除雾 模式	图示	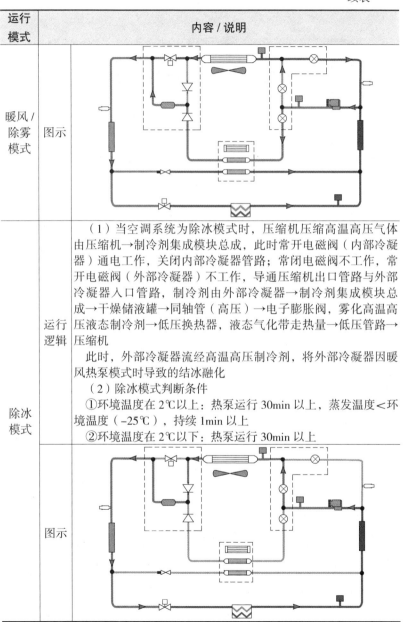
除冰 模式	运行 逻辑	（1）当空调系统为除冰模式时，压缩机压缩高温高压气体由压缩机→制冷剂集成模块总成，此时常开电磁阀（内部冷凝器）通电工作，关闭内部冷凝器管路；常闭电磁阀不工作，常开电磁阀（外部冷凝器）不工作，导通压缩机出口管路与外部冷凝器入口管路，制冷剂由外部冷凝器→制冷剂集成模块总成→干燥储液罐→同轴管（高压）→电子膨胀阀，雾化高温高压液态制冷剂→低压换热器，液态气化带走热量→低压管路→压缩机 此时，外部冷凝器流经高温高压制冷剂，将外部冷凝器因暖风热泵模式时导致的结冰融化 （2）除冰模式判断条件 ①环境温度在 2℃以上：热泵运行 30min 以上，蒸发温度＜环境温度（−25℃），持续 1min 以上 ②环境温度在 2℃以下：热泵运行 30min 以上
	图示	

第三节
新能源汽车电控系统维修

 **一、新能源汽车电子元器件**

1 高压继电器（接触器）

（1）作用

高压继电器在高压电路中起到安全开关的作用。例如，高压电源的控制和分配主要通过新能源汽车高压配电盒内的继电器通断实现。

（2）常见故障

高压接触器在高电流环境下使用，电弧冷却和熄灭得快，继电器触点烧蚀则变慢。如果电流冲击过大，电弧冷却和熄灭变慢，就会导致故障。高压继电器主要常见故障是触点粘连、熔焊、发热。

① 控制异常或者预充未达预期效果导致过大的冲击电流，高温电弧使其触点烧坏。

② 接触器触点与铜排连接接触面积不够，发热严重，或熔焊。

（3）高压继电器检测

高压继电器可以离线独立检测，拆下继电器后，用万用表检测两个高压接线柱的电阻值，应该为∞；高压继电器的低压接头接通 12V 低压电，在此状态下，万用表测量高压接线柱的电阻值，正常应该是电阻非常低，接近 0。

维修图解

　　高压继电器控制部分采用的是 12V 低压电，触点是直流高压大电流部分。有些高压继电器（接触器）是分正负极的，有的无极性。高压继电器（接触器）见图 5.3-1。

图 5.3-1　高压继电器（接触器）

2 高压保险（熔断器）

　　高压保险（熔断器）的作用与低压熔丝的作用一样，都是保护电路。最典型的就是高压配电盒和高压维修开关中安装的高压保险（图 5.3-2 和图 5.3-3）。如果高压保险断路，那么高压部件不能正常工作。检测也很简单，打开高压配电盒，拆下或就车不拆下高压保险进行检测，用万用表测量两个端子，如果不导通则更换新的高压保险。

图 5.3-2　配电盒的高压保险（熔断器）

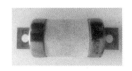

图 5.3-3　高压保险（熔断器）

维修图解

　　将万用表调至蜂鸣器挡位，如图 5.3-4 所示，用万用表的红黑表笔分别接在熔断器的两端，万用表有蜂鸣声，表示熔断器正常导通；万用表无蜂鸣声，表示熔断器不能导通。

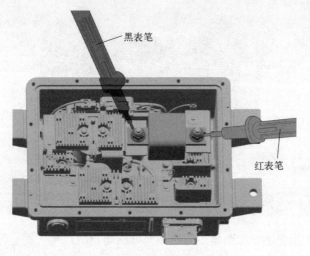

黑表笔

红表笔

图 5.3-4　高压继电器（接触器）

 **二、控制器**

1 整车域控制器

　　整车域控制器是低压电网控制器，其额定电压为 12V。新能源智能汽车问界的整车域控制器（vehicle domain controller，VDC）承担整车控制中心的作用，响应驾驶员的各种请求（驱动、制动、转向、充电等控制）及 ADAS/ADS 请求，它负责协调控制传统车动力、底盘两大域内控制器，统筹整车横向、纵向、垂向一体化控制，彻底解决单个控制器应用场景受限、统筹协调困难、功能单一、处理能力不足等问题。此外 VDC 还承担部分智能化应用，如自适应标定、驾驶模式自适应、设备管理等功能，整车域控制器是低压电网控制器。

（1）控制器工作原理和逻辑

控制器工作原理和逻辑是一个高度集成的电气化系统，包括电机控制器、充电、辅助、低压电器、热管理系统等，必须通过一个整车域控制系统，常称为 VDC 来进行各系统的协调控制，从而实现整车的最佳性能。

维修图解

新能源智能纯电动汽车问界 M9 的整车域控制器（VDC）连接电路见图 5.3-5。

① 整车域控制器（VDC）由常电、IG 电、主继电器供电。

② VDC 连接 CHSCAN、EPCAN、DIAGCAN、RNDTCAN、GLOBALCAN。

③ VDC 连接油门踏板、制动踏板开关进行模式控制、行驶控制等。

④ VDC 整车域控制器（VDC）连接所有水泵与空调系统实现热管理功能。

⑤ VDC 整车域控制器（VDC）连接 BMS 控制上下电等功能。

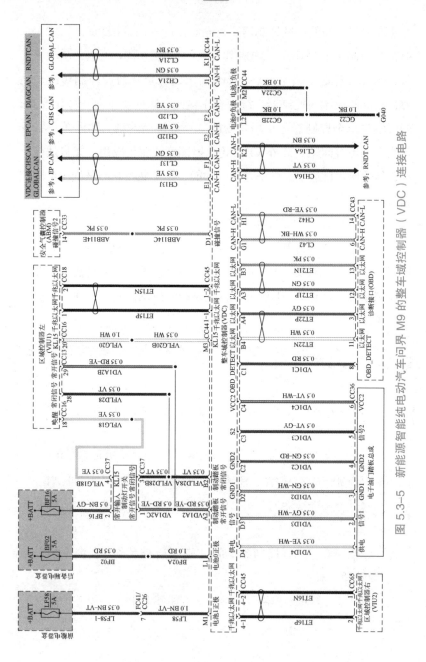

图 5.3-5 新能源智能纯电动汽车问界 M9 的整车域控制器（VDC）连接电路

（2）整车域控制器（VDC）控制与功能

传统汽车电子电气架构都是分布式的，汽车里的各个 ECU 都通过 CAN 和 LIN 总线连接在一起。但当前新能源智能网联汽车里的 ECU 总数已经迅速增加，整个系统复杂度越来越大，几近上限。在目前软件定义汽车和新能源智能网联汽车环境下，这种基于 ECU 的分布式电气电子架构（EEA）也不能完全满足需求。

为了解决这个问题，开始逐渐把很多功能相似、分离的 ECU 功能集成整合到一个比 ECU 性能更强的处理器硬件平台上，这就是汽车域控制器（domain control unit，DCU）。

维修图解

域控制器是新能源汽车每一个功能域的核心，对于功能域的具体划分，各汽车生产企业根据自身的设计理念差异而划分成几个不同的域，例如新能源智能纯电动汽车问界 M9 有左区域控制器（VIU1）、右区域控制器（VIU2）、后区域控制器（VIU3）、ADAS 域控制器（MDC）、整车域控制器（VDC）等。

整车域控制器（VDC）安装在控制箱连接板总成（左）侧内（图 5.3-6），它是 CCA 的关键域控制器，部分功能可以理解为类似传统发动机控制单元。

整车域控制器的具体控制与功能见表 5.3-1。

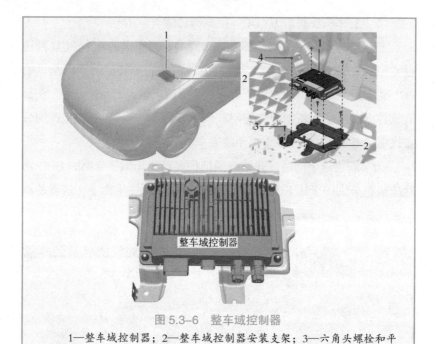

图 5.3-6　整车域控制器

1—整车域控制器；2—整车域控制器安装支架；3—六角头螺栓和平垫圈组合件；4—六角法兰面螺母

表 5.3-1　整车域控制器（VDC）控制与功能

项目		内容/说明
人机交互	油门识别	通过采集踏板的两路电压信号进行相关处理和判断以实现对加速踏板的合理性监测，获取加速踏板的有效状态和开度
	制动识别	通过采集踏板的两路信号状态进行判断，以获得制动踏板的有效状态
	驾驶模式	正确解析驾驶员换挡意图，确保整车行驶安全；通过对车速信号、加速踏板位置、刹车状态、挡位输入信号、故障状态信号、驾驶员挡位请求信号进行保护并输出相应的挡位信号，同时需考虑 APA 功能的挡位管理
	维修模式	驾驶模式（节能、舒适、运动、个性化），需用户切换开关
	车速计算	接收 ESC 车速信号，如果 ESC 车速无效，则根据电机转速、轮胎直径及减速比计算车速

续表

项目		内容/说明
人机交互	剩余里程计算	根据 SOC 和百千米平均电耗估算车辆剩余可行驶的里程
	能耗计算	根据所行驶的距离和对应的总耗电量，估算车辆每百千米消耗的电量（本次行程、自上次充电行程、小计行程、百千米平均电耗计算）
	能量流显示	按照车辆处于驱动或者是能量回收的状态，并考虑驱动和回收功率的大小，设置能量流
	制动灯控制	由于滑行能量回收造成的车辆减速度大于一定值，请求点亮制动灯
电源管理	休眠唤醒控制	系统能够按照设计，执行车辆的唤醒与全部控制器的低压待机与休眠
	高压上下电控制	高低压上电工作流程：电源模式为 ON →系统上低压电→整车域控制器自检和故障诊断→启动请求→整车域控制器检测系统当前没有故障并满足上高压电的条件→上高压电→使能电机控制器→电机开始准备工作 高低压下电工作流程与高低压上电流程相反，需要先下高压电，然后下低压电
	智能低压充电	EBS 定时自我唤醒，基于低压蓄电池电压判断有充电需求时，唤醒整车，完成智能低压充电
	Ready	Ready 灯是车辆可行驶状态指示灯，此灯点亮，表示车辆已准备就绪，能挂入 D 挡或者 R 挡正常行驶
外接充放电管理	外接交流充电	通过外接电源使用直流充电机/站为动力蓄电池组充电。完成外接交流充电线缆连接后，由 BMS 进行充电需求计算，并控制车载充电机向动力电池充电
	外接直流充电	通过车载充电机将公共电网的电能变换为动力蓄电池组所需的直流电，并给其充电。用户连接直流充电桩与车辆后，由 BMS 与充电桩进行相关交互，系统协同完成外接直流充电功能
	V2L	完成外接放电线缆连接后，由 BMS 基于外接负载需求进行放电需求计算，并控制车载充电机进行放电
	V2V	①连接车对车充电线缆，车辆可以对其他车辆进行充电；若快、慢放电枪同时连接，则响应最先连接的放电枪需求 ②放电启动时，按压启停按键可启动放电，车辆不可挂挡行驶 ③放电期间，可以正常使用空调，为保证电池电量和效率不建议使用；放电期间，按压启停按键可停止放电，拔枪后可挂挡行驶 ④车辆行驶前确保放电插头从放电插座上断开 ⑤放电前和过程中，务必保证车辆静止，否则无法放电或中断

项目			内容/说明
转矩控制（根据驾驶员的行驶意图和车辆的行驶工况，计算输出对应的转矩需求）	加速踏板转矩解析		系统能基于用户踩下踏板的深度，解析出驾驶需求转矩。加速踏板开度信号和实际车速信号为输入，不同的挡位输出不同的加速踏板需求转矩
	蠕行功能		在 Ready 状态下，车辆处于可行驶挡位，未踩加速踏板和制动踏板前提下，使整车以一定目标车速进行低速行驶
	预转矩		整车处于可行驶状态下，车辆静止，为防止齿轮间隙引起的整车抖动，VDC 依据挡位请求小转矩以消除齿轮间隙
	防溜坡		在坡道小于 15%、自动驻车功能未激活的情况下，动力系统通过施加适当转矩防止车辆溜坡或减缓溜坡现象
	滑行能量回收		车辆达到一定车速后，用户松开加速踏板和制动踏板，车辆滑行时，驱动系统倒拖发电
	制动能量回收		车辆达到一定车速后，用户踩下制动踏板后，ESC 根据整车回馈能力，请求驱动系统倒拖发电
	自适应巡航控制		自适应巡航控制功能激活时，根据当前工况和驾驶员设定速度，系统判断给整车域控制器发送转矩请求或给车身稳定系统发出制动请求，以保持按驾驶员设定的巡航速度或与前车保持相同速度跟随前车行驶
	转矩仲裁		依据驾驶员需求，综合考虑动力性、经济性，实现整车转矩分配
	转矩限制		系统按照整车状态，执行转矩限制
	转矩分配		四驱车型，依据驾驶员需求、当前驾驶模式等，进行驾驶员转矩分配
	IPB 响应		系统能够响应底盘 ESP 的转矩等请求，从而实现与 IPB 相关的功能
热管理	高温回路热管理	电机回路冷却控制	高温回路热管理主要是电机回路的热管理控制，包括电机回路冷却控制；电机回路余热回收控制
			VDC 根据 OBC、DC/DC、MCU、IGBT、水温以及温度变化率得到各件的冷却请求，通过冷却请求控制散热风扇、水泵的工作状态，让 OBC、DCDC、MCU、IGBT 工作在一个合适的温度范围内
		电机回路余热回收	通过电机出水口的温度以及电芯的温度，判断电池是否有加热需求，以及电机是否允许加热，并通过控制三通阀动作以及电池水泵与电机水泵的开度，将电机回路的热水引入电池，实现用电机产生的废热对电池进行加热的目的

续表

项目			内容／说明
热管理	低温回路热管理	电池的加热与冷却	低温回路热管理主要是电池回路的热管理控制，包括电池的加热与冷却、插枪保暖远程预约加热功能 通过监测电芯的最高温度、电芯最低温度、PTC出口水温、电池入口水温，以及控制四通阀的开度，PTC/CMP的开启，水泵的开度，实现电池加热与冷却的功能
		插枪保暖	在充满电后利用充电桩的电继续对电池进行加热、冷却，并保持一定时间，确保第二天用车时，电池在一个可以高效工作的温度区间
	空调控制		根据空调发送CMP/PTC开启请求信号，并依据整车状态和整车可用功率情况，控制CMP/PTC的开启与关闭以及空调的最大功率，并根据空调对风扇的请求控制风扇的动作

（3）VDC对故障的诊断与处理

① 整车域控制器（VDC）按照系统统一规定，执行故障的检测及故障等级的上报。

② 整车域控制器（VDC）接收或监测各系统运行状态，判断故障等级，并根据故障等级执行相应的故障处理措施，确保整车安全平稳的运行。

2 电机控制器

四轮驱动的新能源纯电动汽车前、后驱动系统分别采用电机＋电控＋减速器三合一电驱总成，通过悬置安装在副车架中，前驱动电机为交流异步电机，后驱动电机为交流永磁同步电机。两驱工况下是后驱永磁同步电机工作，加速、脱困等工况时，由前后电机共同合力输出，发挥双电机四驱工作的优势。

对于双电机车辆，通常设计的是在一个电机出现故障的情况下，另一个电机仍能够保证车辆行驶至安全区域。当一个电机出现三级故障时，此电机将会被限制功率，另一个电机仍能正常工作，车辆能正常行驶。当一个电机被禁用时，另一个电机仍能正常工作，但会被限制车速行驶。

（1）电机控制器控制逻辑

电机控制器是动力电池与驱动电机之间进行能量转化的装置。

① 车辆行驶时，电机控制器将动力电池提供的直流电转换成变频、变压的交流电，用以驱动电机工作。

② 车辆制动时，其又将制动能量变换成直流电回馈给动力电池。电机控制器采用矢量控制策略控制驱动电机的输出转矩。

维修图解

电机控制器是电驱系统的控制接口，它与 VCU（车辆控制器）进行通信，来控制需要的转矩（图 5.3-7）。它还对电机的状态进行检测、管理，将相应的电机状态，如母线电压、电流、温度、故障状态以及电机当前许用转矩等信息，通过 CAN（控制器局域网）网络发送给车辆控制器 (VCU)（整车域控制器 VDC）。同时，电机控制器也是电驱系统的逆变单元，负责把动力电池的直流能量转变成交流能量并提供给电机；或者相反，把交流能量转变为直流能量并提供动力电池包。在电机控制器上有高压插头，分别接入高压正极和高压负极。电机控制器和驱动电机之间通过 AC 铜排进行高压电气连接，交流母排通过螺栓安装在电机和电机控制器中间的壳体上（相关图解参见第一章第二节"电机控制器"内容）。

图 5.3-7　驱动电机控制框图

（2）电机控制器核心原理

电机控制器其实就是逆变器，最核心是 IGBT（六个大功率晶体管）。核心的零件包含控制板、IGBT 功率模块、滤波电容等（参见第一章第二节"电机控制器"内容）。电机控制器（MCU）控制与功能见表 5.3-2。

维修图解

当车辆启动后，动力电池包向电驱系统供电，高压直流电源通过高压连接器，经过滤波给母线电容充电，电容将电流输送到功率模块总成，根据控制板的控制信号，功率模块将输入的高压直流电转换为可驱动电机运转的交流电，电机开始运转，实现将电能转换为机械能。

当车辆减速并进行能量回收时，三相电机将发出相交流电，经 IGBT（功率模块）中的二极管进行整流，再通过母线电容滤波，转换为直流电并给电池包充电。电机控制器控制原理见图 5.3-8 和图 5.3-9。

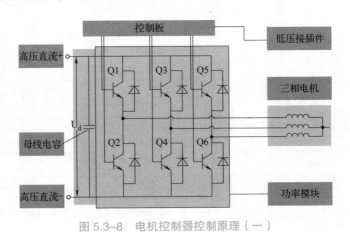

图 5.3-8　电机控制器控制原理（一）

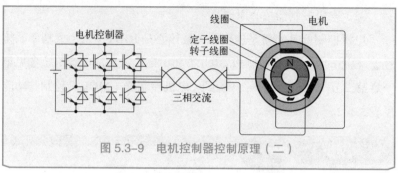

图 5.3-9 电机控制器控制原理（二）

表 5.3-2 电机控制器（MCU）控制与功能

零部件	内容 / 说明	图示
功率模块	电机控制器采用 IGBT 功率模块，通过控制板发出的信号控制 IGBT 工作，通过 IGBT 的高频通断，使其输出一系列脉冲，用以得到等效的正弦波或所需要的波形（图 5.3-10），控制电流在三个电路中的方向及通断时间，从而将直流电源转化为三相交流电，使电机进行运转	
控制板	整个电驱系统的大脑，负责与整车控制模块通信，同时控制电机的正常运转	
放电电阻	在整车下电后，泄放母线电容中的电，防止在检修控制器内部时产生触电风险。在控制器内部检修时，为防止放电电阻失效，需先确认滤波直流母线电容中有无残余电压，再进行相关维修操作	
冷却器总成	冷却器总成主要用于冷却功率模块	
滤波直流母线电容	包括 X 电容[①]、Y 电容[①]、磁环、母线电容等，其中 X 电容、Y 电容、磁环的主要作用是滤除电路中的高频波，抑制电磁干扰；母线电容的主要作用是起到稳压和放电的功能，母线电容相当于电量的蓄水池，如急加速时，电机所需电量突然增加很多，母线电容就可临时放电，起到稳定电路电压的作用	

　　① 是一种耐直流高压电容。安规电容，是指失效后不会导致电击，且不危及人身安全的电容器，它包括 X 电容和 Y 电容。X 系列安规电容即是金属化薄膜型安规电容器，按耐压等级不同可分为 X1、X2、X3；Y 系列安规电容即连接火线与地线间的电容器，分为 Y1、Y2。

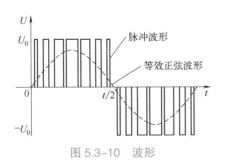

图 5.3-10 波形

（3）电机控制器散热

电机和电机控制器需要从车辆热管理系统获取冷却液进行散热，电机控制器和电机在冷却回路上串联，冷却液先通过逆变器，然后通过电机。此外，动力电池在低温下需要加热时，电驱系统还可以通过冷却系统主动对电池系统进行加热，例如蔚来 ET5，前后电机最大可提供约 4kW 的加热功率。

（4）电机控制器的检查

① 检查电池管理系统与前电机控制器之间的高压线路开路故障：断开电池管理系统接插件 H12；断开前电机控制器接插件 H13，然后检测电阻情况。

维修图解

如图 5.3-11 所示，使用万用表测量 H12 端子 1 与 H13 端子 1 之间的电阻值；测量 H12 端子 2 与 H13 端子 2 之间的电阻值。正常电阻值应小于 1Ω。

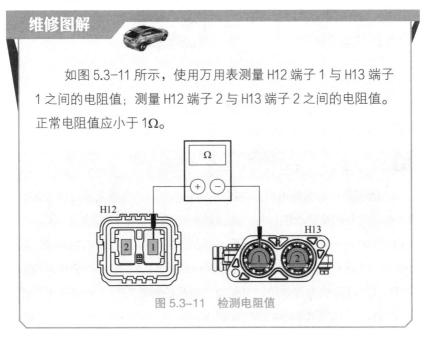

图 5.3-11　检测电阻值

②检查前电机控制器电源：断开前电机控制器接插件 BFC03、BFC04；然后整车上电，进行电源检查。

维修图解

如图 5.3-12 所示，用万用表测量 BFC03 端子 1 对地之间的电压值；测量 BFC04 端子 10、11 对地之间的电压值。

电机控制器电源为低压电源。

正常应为低压蓄电池电压范围。

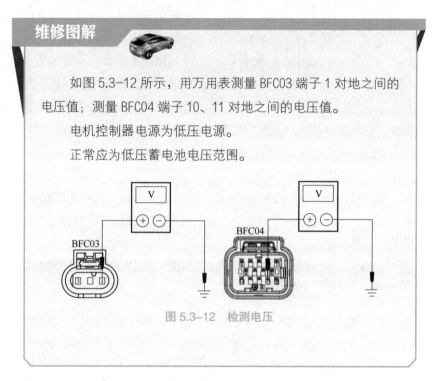

图 5.3-12 检测电压

3 加速踏板

加速踏板是驱动电机控制的主要元件之一，驾驶人通过操作加速踏板，改变加速踏板的行程。加速踏板传感器会把加速踏板不同的位置信号转化为模拟电压信号。整车域控制器硬件接收到踏板的位置信号后，通过 CAN 总线将信号传递至电机控制器。电机控制器对模拟电压信号进行放大并处理，得到驱动电机的转矩信号，对驱动电机进行控制，以此实现车辆速度的控制。

第四节
减速器维修

一、单速比减速器

　　减速器介于驱动电机和驱动半轴之间，驱动电机的动力输出轴通过花键直接与减速器输入轴齿轮连接（图5.4-1）。一方面减速器将驱动电机的动力传给驱动半轴，起到降低转速增大转矩作用；另一方面满足汽车转弯及在不平路面上行驶时，左右驱动轮以不同的转速旋转，保证车辆的平稳运行。

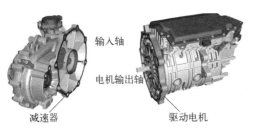

输入轴

电机输出轴

减速器　　　　　　驱动电机

图 5.4-1　减速器

维修图解

　　单速比减速器只有一个前进挡、一个空挡和一个驻车挡。当车辆处在驻车挡时减速器会通过一套锁止装置锁止减速器（图5.4-2和图5.4-3）。

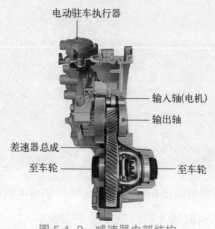

图 5.4-2　减速器内部结构

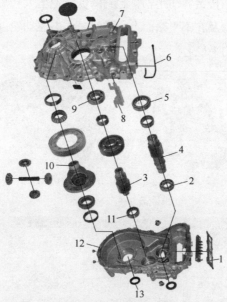

图 5.4-3　减速器零部件

1—母排接线盖板；2—输入轴轴承；3—中间轴；4—输入轴；5—输入轴后轴承；6—通气管；7—后壳体；8—导油槽；9—中间轴后轴承；10—差速器；11—中间轴轴承；12—前壳体；13—油封

二、减速器运行原理

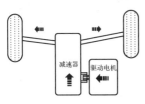

图 5.4-4 减速器动力传递示意

减速器最大的作用特点就是降低转速，增大输出转矩。减速器动力传递示意见图 5.4-4。

电动汽车减速器中传动系统通过电机调速、电机反转原理来驱动输入轴改变转动的速度和方向，从而产生不同速比的行车挡和倒挡。当换挡操纵机构处于行车挡时，转矩由驱动电机直接传送到减速器输入轴，然后转矩通过输入轴齿轮传送到中间轴小齿轮和主减速从动齿轮，再传送到驱动轴。在汽车启动后和行驶过程中，通过改变电机转速来改变汽车速度。

电机在通电运行过程中，电机转子轴旋转，通过齿轮将运动传递至中间轴大齿轮（图 5.4-5），并同时进行 2.96（77/26）速比的降速，中间轴大齿轮带动同轴的小齿轮同步旋转，将运动传递至差速器大齿圈，并同时进行 3.56（89/25）速比的降速，差速器齿圈带动壳体旋转，并将运动传递至差速器内部的侧齿轮，驱动轴将旋转运动传递至车辆，带动车辆前进或后退。

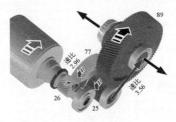

图 5.4-5 减速器运行示意

扫码观看

本章视频精讲

《《第六章》》

故障的入门排除

第一节
目视和直观检查的故障

 **一、低压线束的检查**

1 线束故障的检查

当发现电路线束局部出现磨损、腐蚀、变色、粘连、松脱及线束接插件松动、氧化、油污等现象时，说明电路线束已经或即将出现故障，应及时检查处理。

2 断路故障检查

电路线束存在断路故障时，接通线路开关，熔丝不会熔断，但用电设备不能正常工作。对于电路线束的断路故障，可通过外观检查查找线索。检查外露部分有无线头脱落、接插件是否松动、导线是否折断等。如果无法从外观直接查出断路故障，可用直流试灯或万用表等检测工具进行检查。

3 短路故障检查

电路线束存在短路故障时，接通线路开关，多数情况下会烧断熔丝，并且用电设备不能工作。严重时还可能出现线束烧蚀、烧毁等故障。对于电路线束的短路检查，可通过外观，查找线束的外露部分有无绝缘损坏，线头是否脱落，是否直接与车身接触等故障。如果无法从外观直接查出短路故障，可用直流试灯或万用表等检测工具进行检查。

4 接触不良故障检查

电路线束存在接触不良时，可能造成用电设备工作时好时坏，在电流较大的电路中，接触不良还可能出现发热或烧蚀现象。当线束接触不良造成电阻、电压变化时，会引起控制模块内部信号传输的间断性故障，从而影响控制模块的正常工作。电路线束接触不良，主要出现在线束接插件及连接器等线路的连接处，如焊接不良或连接不牢，接插件氧化、锈蚀，或因为多次拆装而造成松动、定位不牢等。对于电路线束的接触不良故障检查，根据电路图，用手摇动相关低压线路、接插件等。当摇至某处，用电设备工况变化，即表明此处很可能存在接触不良。对于接插件，可拆卸后进行目视检查。如果无法从外观直接查出接触不良故障，可用示波器或万用表等检测工具进行检查。

 二、高压线束的检查

高压线束故障检查见表 6.1–1。对于高压部件，如检查不满足以下任一检测项，则需要进行更换。

① 检查高压部件外壳是否有明显碰撞痕迹，高压线束是否有明显弯折痕迹。

② 检查高压部件之间连接的导线。确保无破损、无碰擦，高低

压接线端子连接牢靠、无松动。

③ 断开高压线束接插件，检查端子，应无锈蚀、无腐蚀。

④ 检查高压部件表面和周围的状态，保证散热通风通畅，必要时去除杂物、清洁外表面。

⑤ 检查高压系统冷却管路是否出现液体泄漏及渗出，检查管路密封连接处有无渗漏现象。及时维修车辆冷却系统。

⑥ 检查紧固件转矩信息。

表 6.1-1　高压线束故障检查

故障现象	故障后果	正常图示	故障件图示
飞丝	失效后果：高压回路和屏蔽回路短路造成绝缘故障 处理方式：更换线束	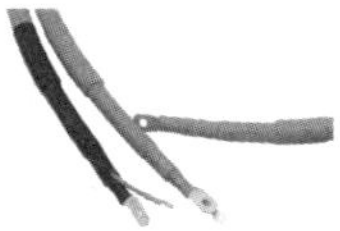	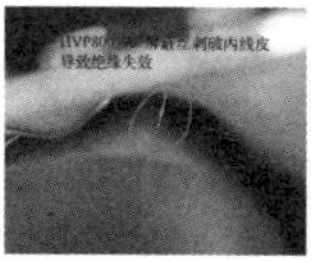
导线损伤	失效后果：绝缘电阻降低报绝缘故障 处理方式：更换线束		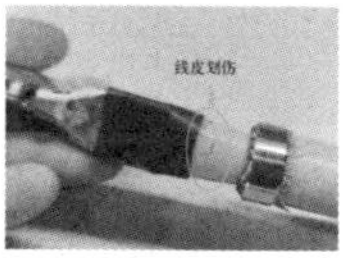
护套本体损坏	失效后果：端子接触不良、烧蚀 处理方式：更换线束		
护套拉杆、CPA 损坏	失效后果：端子接触不良、烧蚀 处理方式：更换拉杆、CPA	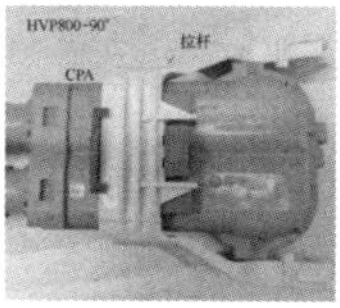	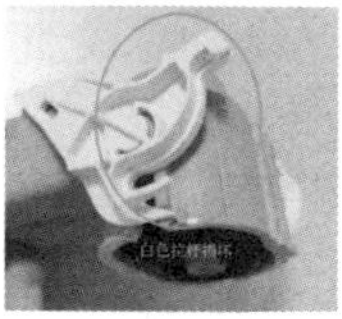
密封圈损坏	失效后果：连接器进水腐蚀 处理方式：更换密封圈	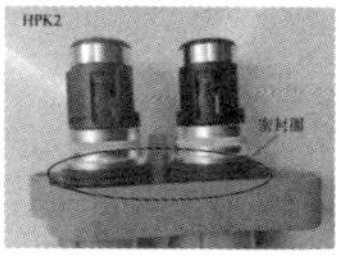	

续表

故障现象	故障后果	正常图示	故障件图示
簧片缺失	失效后果：端子接触不良、烧蚀 处理方式：更换簧片/更换线束		
端子变形	失效后果：端子接触不良、烧蚀 处理方式：更换线束		
端子退位	失效后果：端子接触不良、烧蚀 处理方式：更换线束		
互锁回路端子异常	失效后果：报整车互锁故障 处理方式：更换线束		

三、油液渗漏的检查

驱动总成油液渗漏的检查见表 6.1-2。

表 6.1-2　驱动总成油液渗漏的检查

故障程度	故障表现	图示
泄漏	严重漏油，不可接受，及时解决	油液呈滴状间断地从箱体内往外流到地面，对于这种情况要及时维修，更换油封解决

续表

故障程度		故障表现	图示
泄漏	比较严重漏油，不可接受，及时维修	泄漏位置附近零件上附积存油液，需要及时维修，更换油封解决	
	漏油不可接受，需要维修	泄漏位置附近零件上覆盖有液体油层，且油层厚度不断增大，应及时更换油封	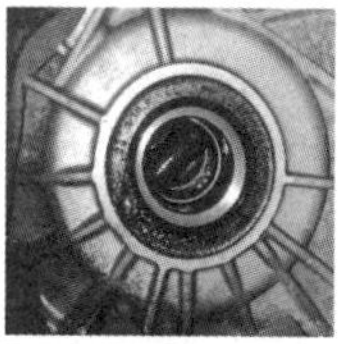
渗漏	渗油明显，不可接受，需要维修	泄漏位置附近零件上覆盖有液体油层，且油层扩散区域有扩大的趋势，这情况表明油液已经渗漏到高压线上，需要及时更换油封	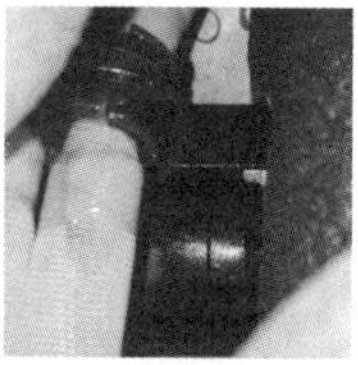
	微渗油，当前可接受	泄漏位置附近零件上覆盖有液体油层，但油层扩散区域没有扩大的趋势，需后续每次保养进行检查，视情况维修更换油封	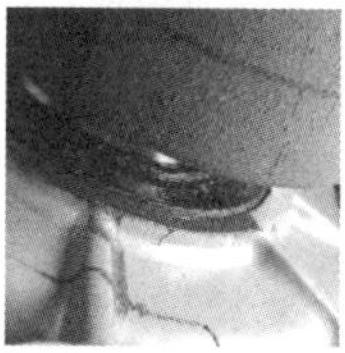
	轻微渗油，当前可接受，没必要维修	泄漏位置附近零件被油液浸润，浸润区域没有扩大的趋势，这种情况需要每次保养进行检查，如果渗漏有扩大范围，需要视情况更换油封	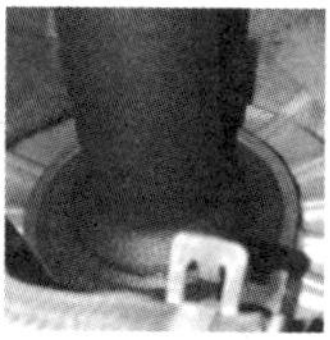
	轻微渗油，当前可接受	泄漏位置附近零件被油液浸润过，浸润区域外周是干燥的，这种情况通常没有问题，但需要每次保养时检查后续渗漏发展情况	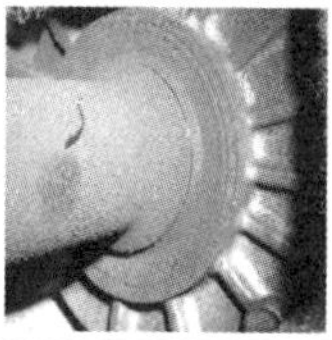

续表

故障程度	故障表现	图示
渗漏	极轻微渗油，可接受，没有必要维修更换油封	泄漏位置附近零件被油液浸润过，浸润区域从外往内大部分都是干燥的，这种情况表明当前不存在渗漏问题，但每次保养需要观察	
	无渗油，无问题	泄漏风险部位除密封唇口外都是干燥的，周围零件没有被油液浸润过，这种情况表明不存在渗漏问题	

四、电动压缩机的检查

从电动空调压缩机上拆卸低压管，可观察到壳体内部的电机。目视检查压缩机内部的铜线和白色绑线是否受到污染（图 6.1-1）。

图 6.1-1　电动压缩机的检查

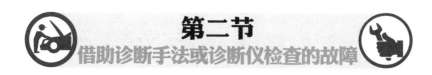

第二节
借助诊断手法或诊断仪检查的故障

一、借助故障诊断仪检测绝缘故障

1 故障描述

当车辆高压部件（动力电池包端或整车端）出现绝缘问题时，整车绝缘故障会出现二级报警或三级报警。

整车绝缘故障触发响应条件如下。

① 整车绝缘值低于 2000kΩ，触发二级报警。

② 整车绝缘值低于 200kΩ，触发绝缘过低报警。

③ 整车绝缘值低于 40kΩ，触发三级报警，同时停车状态时下高压电。

2 判断方法

新能源汽车故障诊断仪有多种形式。

各种诊断仪都比较智能化，操作简便，根据故障诊断仪界面提示操作步骤，即可执行完成诊断。

动力电池包绝缘阻值应大于 550MΩ 为合格。

维修图解

使用故障诊断仪→ VCU →数据流→ BMS 绝缘阻值，如图 6.2-1 所示。

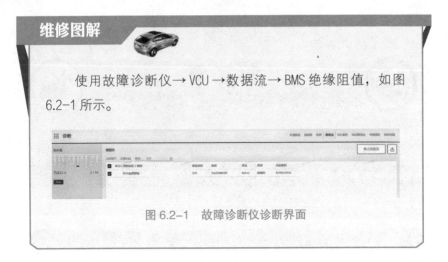

图 6.2-1　故障诊断仪诊断界面

3 故障报警

车辆会根据整车绝缘故障的严重程度以及车辆当前实际状态，显示以下不同的警告信息。

① 车机屏显示如图 6.2-2：请尽快靠边停车，动力系统故障。

② 车机屏显示如图 6.2-3：请谨慎驾驶，车辆绝缘减弱。

图 6.2-2　故障报警（一）

图 6.2-3 故障报警（二）

二、使用万用表检测电气黏附状态

主正继电器和主负继电器黏附故障也时有发生，断开高压电后，可以使用万用表对继电器进行检测。

① 切断高电压电路。

② 拆卸动力电池总成盖。

③ 分离高电压正极（＋）连接器（B）和高电压负极（－）连接器（A），见图 6.2-4。

④ 拧下固定螺栓／螺母，并拆卸动力电池总成内的继电器盒（配电盒）盖（A），见图 6.2-5。

图 6.2-4 断开高压线

图 6.2-5 取下盖板

维修图解

　　检测继电器电阻见图6.2-6。检测高电压主继电器的电阻，并检查是否有黏附迹象，正常阻值应该无穷大。

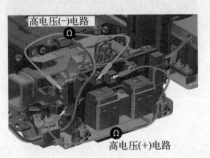

图6.2-6　检测继电器电阻

三、整车已下高压电绝缘检测

1 残留电压检测

　　① 按照检测设备（万用表）指示操作，电压设置为500V。

　　② 将检测设备（万用表）红表笔连接高压配电盒接插件 HV+，黑表笔连接高压配电盒接插件 HV−。

　　③ 测量残留电压，如果残留电压小于60V，则为合格；如果残留电压大于60V，则排查绝缘故障。

2 绝缘电阻检测

　　如果残留电压检测不合格，则使用兆欧表执行绝缘电阻检测。

维修图解

① 检测设备（兆欧表）红表笔连接高压配电盒与动力电池包线束相连接的接插件 HV+，黑表笔连接前减振器上端紧固件螺栓（图 6.2-7）。

② 检测设备（兆欧表）红表笔连接高压配电盒与动力电池包线束相连接的接插件 HV-，黑表笔连接前减振器上端紧固件螺栓（图 6.2-8）。

③ 检测设备（兆欧表）红表笔分别连接直流充电插座接插件 DC+ 和 DC-，黑表笔连接直流充电插座 PE 接地点。

④ 记录数据，上述测量数据分别都大于 5MΩ 为合格。

图 6.2-7　检测绝缘电阻（一）

图 6.2-8　检测绝缘电阻（二）

第三节
难度较大的故障

 一、持续绝缘故障的排查方法

① 关闭车辆用电设备（如关闭空调鼓风机、关闭车辆灯光、关闭音响系统等舒适设备），以确保减少 12V 低压蓄电池的负荷。

② 执行"整车断电操作"，断开紧急切断开关，同时不要断开 12V 蓄电池正负极接住，保持车辆低压系统正常工作。

③ 断开高压配电盒侧连接动力电池包线束的接插件，可以使用故障诊断仪（或者兆欧表）查看绝缘阻值是否有明显的向上拉升变化。这里意思就是先排除电池包问题，再检查整车端的高压部件。

a. 是，动力电池包绝缘正常，行下一步，继续排查其他高压部件。

b. 否，检查动力电池包绝缘值。如果低于标准值，则更换动力电池包。

④ 依次断开高压配电盒侧连接各个高压部件线束的接插件，当断开某个高压部件后，使用诊断仪（或者兆欧表）查看数绝缘阻值是否有明的向上拉升变化。

a. 是，该高压部件可能存在异常，进行下一步检查，确认故障点。

b. 否，继续排查其他高压部件。直到断开某个高压部件线束的接插件后，绝缘阻值有明显的向上拉升变化，则该高压部件可能存在异常。

⑤ 对于异常的高压部件，重新将其线束的接插件插回高压配电盒。使用诊断仪（或者兆欧表），查看绝缘阻值是否有明显的下降变化，则可确认该高压部件故障或该高压部件与高压配电盒之间的高压线束故障。

⑥ 高压部件与高压配电盒之间的高压线束两端，确保一端连接高压配电盒，一端处于正负极断开状态。

使用诊断仪（或者兆欧表），查看绝缘阻值是否有明显的向上拉升变化。

a. 是，则排除高压线束问题，检查高压部件故障，转至下述⑧的检查内容。

b. 否，检查高压线束故障。

⑦ 高压线束故障：目视检查高压线束以及接插件状态，无进水无破损等异常情况。同时摇晃或拉拽对应线束及接插件，无松动、无干涉磨损等异常情况。

使用绝缘表，设置在 500V 挡（应高于在修车辆动力电池电压），测量高压线束 HV+ 对搭铁 / 屏蔽层和高压线束 HV– 对搭铁 / 屏蔽层的绝缘值，应符合标准值大于 550MΩ。

⑧ 高压部件故障：目视检查高压部件无破损、无漏液等异常情况。使用绝缘表或其他高压安全测试仪，设置在 500V 挡，测量该高压部件绝缘值。

⑨ 对于高压部件或高压线束存在绝缘故障的进行更换。

⑩ 新的部件，同样要进行单体的绝缘值检查，应符合标准值。

⑪ 安装高压部件或高压线束。

⑫ 使用诊断仪或兆欧表，数值应大于 2MΩ 以上。然后检查仪表应无警告信息。

1 DC/DC 导致的无法行驶故障

（1）故障现象

某2024年款广汽本田雅阁插电混动汽车（图6.3-1），挂挡无法行驶。

发动机　　　　　　　离合器　　　　发电机和驱动电机

图 6.3-1　混合动力（一）

（2）故障检查

经故障诊断仪检查，存在永久性故障码。

① U0599：EP-CAN 故障（发电机电机控制模块 –DC/DC 转

换器）。

②U0599：F-CAN 故障（牵引电机控制模块–DC/DC 转换器）。

③C0051-54：转向角中间位置学习未完成，多用途摄像头单元。

④C0051-96：转向角传感器故障。

以上故障码，涉及无法行驶的故障可以初步判断为 DC/DC 转换器故障。DC/DC 转换器集成在电机控制单元 PCU 内，如果电机控制模块无法接收 DC/DC 转换器信号，或接收的信号异常，则判定电机控制模块出现异常并存储故障码。

（3）故障分析

该车的集成控制模块（ICM）对能源域进行集成控制，ICM 控制的系统包括电子动力系统、制动系统和驾驶辅助系统。这就是为什么出现 U0599 故障码，同时也出现驾驶辅助系统中 C0051-54 和 C0051-96 的故障码。

维修图解

电机控制模块接收电机转子位置传感器（图 6.3-2）提供电机转速和电机旋转方向信息，电流传感器提供电流值信息，蓄电池状态监视器模块提供高压蓄电池的电流值信息，并控制牵引电机和发电机。此外，电机控制模块与逆变器协调，使牵引电机和发电机的电压与高压蓄电池的电压一致。该车电机控制系统包括牵引电机和发电机。

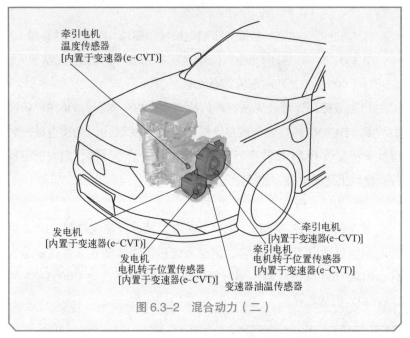

牵引电机
温度传感器
[内置于变速器(e-CVT)]

发电机
[内置于变速器(e-CVT)]

发电机
电机转子位置传感器
[内置于变速器(e-CVT)]

牵引电机
[内置于变速器(e-CVT)]

牵引电机
电机转子位置传感器
[内置于变速器(e-CVT)]

变速器油温传感器

图 6.3-2　混合动力（二）

　　① PCU：逆变器、DC/DC 转换器和电机控制模块位于电源控制单元（PCU）中。它包含一个由专用散热器、PCU 冷却液电动水泵和膨胀箱组成的冷却系统。该冷却系统可以调节 PCU 内部的温度。

　　② 牵引电机和发电机。

　　a. 牵引电机位于变速器（e-CVT）中，它产生驱动力并为高压蓄电池发电。

　　b. 发电机位于变速器（e-CVT）中，它为高压蓄电池充电并为发动机启动提供动力。

　　c. 每台电机都为轻巧紧凑和高效的三相同步电机，它与变速器（e-CVT）中的齿轮单元一起定位。

　　d. 电机由固定在外壳中的三线圈定子和外周带有永久磁体的转子组成。

e. 电机转子位置传感器也位于变速器（e–CVT）中，它检测转子的旋转位置（相位）。

f. 定子线圈采用分布式绕组，以减少振动并在高速运行期间实现稳定的转矩。

维修图解

　　该车混动系统有三种驱动模式，即纯电动模式（图6.3-3）、混合动力模式和发动机模式。在纯电动模式下，电机从锂电池组获得能量，独立驱动车辆，但最高时速会受限，最大行驶里程也并不高。一旦动力电池耗尽能量，它将自动切换到混合动力模式。

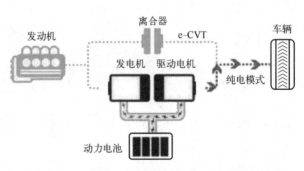

图 6.3-3　混合动力车辆运行示意（纯电动模式）

（4）故障判断与确定

① 为了维持 12V 系统电压，系统使用 DC/DC 转换器。DC/DC 转换器将高压直流转换为能量损失很小的低压直流。

② DC/DC 转换器的温度由 DC/DC 转换器的控制单元监测。当温度异常升高时，DC/DC 转换器的控制单元会使 DC/DC 转换器停止运行，这会导致 12V 充电系统指示灯亮起。当检测到输入电压或输出电

压异常时，DC/DC转换器的运行也会停止，这会导致12V充电系统指示灯亮起，并在综合信息显示屏上显示警告。

③当DC/DC转换器因异常停止运行时，若12V蓄电池的输出电压下降，将出现12V电压功率不足，从而限制电子动力系统的输出。

综上所述，可以判断和确定故障点就在DC/DC转换器上。

（5）故障解决措施

因为该车DC/DC转换器集成在电机控制单元PCU内部（图6.3-4），所以通过更换PCU来解决。

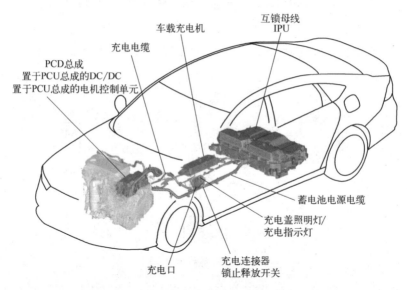

图6.3-4 广本雅阁插电混动力汽车

2 CAN总线通信中断导致的高压无法上电

（1）故障现象

一辆2023年款问界M5智驾版新能源汽车，停车后，车辆无法上高压电。

（2）故障检查

检查发现仪表中动力电池故障指示灯点亮（图 6.3–5）。

图 6.3–5　仪表指示灯

利用故障诊断仪执行检查，其结果如下。

a. 电池管理系统无法通信；

b. 整车控制器无法通信；

c. 电机控制器无法通信；

d. 车载电机三合一无法通信；

e. 故障码"U007788—PT CAN off"（总线停止通信）。

从上述检查的结果，初步判断大致方向可能是 CAN 动力总线通信中断。

（3）故障分析

① 查找电路图，见图 6.3–6。

故障码显示 CAN 动力总线停止通信，同时电池管理系统、整车控制器、电机控制器、车载电机三合一无法通信，具体还应查阅电路图，看看这些电气的关联。

查阅该车电路图，基本可以一目了然，PT CAN 总线上的四控制单元并联于诊断口的 CAN–H 和 CAN–L。

② 结合电路图，找插接节点。

从电路图可以看出，重点检查线束上的可疑故障点有插接点 1 和插接点 2。而且很可能这个插接器中有至少一个端子是电源线。

（4）故障判断与确定

① 排除控制器故障：为什么不判断是控制器故障，理由是控制器不可能四个一起出问题（而且也是可以验证的，分别拔掉控制器插头，如果故障依旧，那么故障点就不在控制器上，但对该车所出现的问题，没必要这样验证）。

② 确定故障点：分别检查插接点 1 和插接点 2。在断开对接插头 PC50/CC16 时，就发现问题了，插接器进水腐蚀，虚接。

（5）故障排除

使用探针工具维修处理插接器，利用故障诊断仪执行诊断检查，删除故障码，故障排除，车辆工作正常。

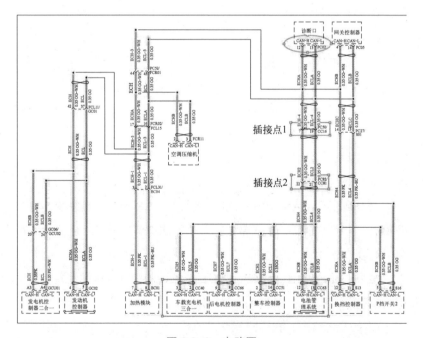

图 6.3-6　电路图

3 充电功率限制故障

（1）故障现象

2024 年款比亚迪宋 L EV，电池能量为 71.8kW·h，交流充电功率受限（图 6.3-7）。

图 6.3-7 仪表显示交流充电受限

（2）故障检查

执行故障诊断仪检查，存在永久故障码：P153D00——充电口 N 温度采样异常。

① 检查充电插座完好性：按照诊查程序，首先直观检查充电口及充电口插接器有没有异常。经检查，未发现变形、烧蚀、断裂等问题。

② 检测温度传感器：拆下充电口插头，根据电路图（图 6.3-8），拔下集成式智能后驱控制器（集成车载充电机）插接器 K76（B），检测插接器 K76（B）-8 母端与插接器 K76（B）-13 母端之间电阻［也就是检测插接器 KB53（A）-7 公端与插接器 KB53（A）-9 公端之间电阻］的阻值，室温下，应该在 12kΩ 附近。这项检测就是充电口温度传感器的电阻值，该温度传感器在充电座内部，是一个负温度系数传感器。经检测，电阻异常。

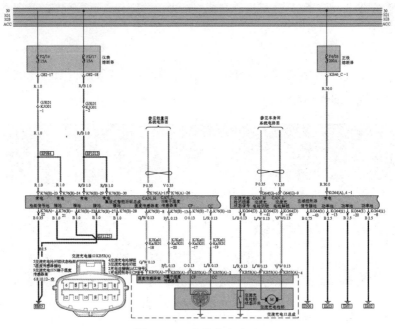

图 6.3-8 交流充电电路

（3）故障分析

故障码 P153D00——充电口 N 温度采样异常，通常是充电口故障或车载充电器内部故障，导致的无法充电。

经检测，上述集成式智能后驱控制器温度传感器与交流充电口之间的两条导线中有一根存在问题，这就找到了故障根源所在。也就是重点还是温度传感器，充电口温度传感器是一个负温度系数传感器，温度范围 -40～160℃，例如，在 -40℃时就会限制充电功率，也就是说，温度异常，导致了充电限制。

（4）故障确定与排除

集成式智能后驱控制器温度传感器与交流充电口之间 K76（B）-13 和充电口 KB53（A）-9 之间存在断路，查找到破损断路处导线，然后进行修复，充电功率正常，故障排除。

《《第七章》》

新能源汽车维修工必备的入门知识

一、混动电机模式有哪些?

　　混动电机可作为发动机的起动机、发电机和驱动电机,见表 7.0-1。

表 7.0-1　混合动力汽车模式

模式	电机数量	说明 / 内容	图示
串联混动的驱动电机	1台发动机+1台电动机+发电机	串联式混合动力是指发动机带动发电机发电,将电能输送给电动机驱动汽车。增程式电动汽车属于这一种 　串联式混动相当于在普通电动车上装载了燃油发电机,只有一套纯电的驱动系统。在起步、低速、频繁加减速等工况下,由动力电池提供电能驱动。在高速、全速工况下,由发动机驱动发电机提供电能驱动。因为发动机不能给动力电池充电,所以需要外接充电口给动力电池充电,所以采用串联模式的一定是插电式混合动力汽车	
并联混动的驱动电机	1台发动机+1台电动机	并联混动模式车辆有两个动力源用于驱动车轮,发动机为主,电动机辅助。发动机或者一个电机可以驱动车轮,也可以驱动电机给动力电池充电。发动机驱动车轮的同时,动力电池也可以带动电机驱动车轮	

续表

模式	电机数量	说明/内容	图示
混联混动的驱动电机	1台发动机+1台电动机+1台发电机	混合动力混联模式车辆是串并联组合，有两个电机，同样有两个动力系统驱动车轮，电动机为主，发动机辅助。混联式的一个电动机仅用于直接驱动车轮，另一个电机当需要极限性能的时候，充当电动机直接驱动车轮，这时整车功率就是发动机、两个电机的功率之和；当电力不足的时候，也能充当发电机，给动力电池充电	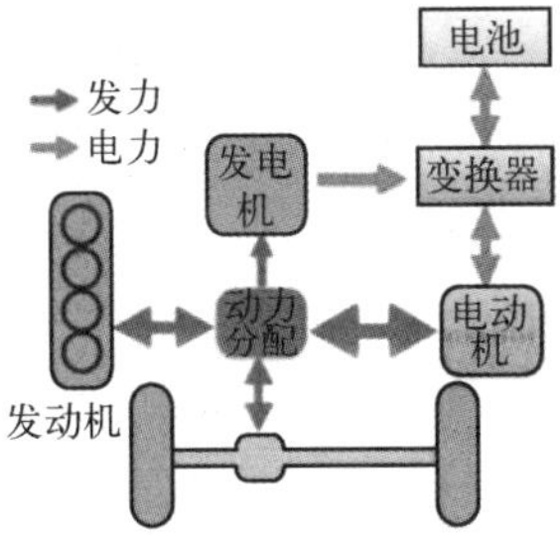

二、什么是异步电机?

四驱新能源汽车中，很多后驱搭载永磁同步电机，前驱为三相交流异步电机。异步是指三相异步电动机转子的转速总是略高于或低于旋转磁场的转速，即不同步。因为其转子绕组与磁场间存在着相对运动才感生电动势和电流，并与磁场相互作用产生电磁转矩，实现能量变换。

当定子的对称三相绕组连接到三相电源上时，绕组内将通入对称三相电流，并在空间产生旋转磁场，磁场沿定子内圆周方向旋转，当磁场旋转时，转子绕组的导体切割磁通将产生感应电动势，由于电动势的存在，转子绕组中将产生转子电流。根据安培电磁力定律，转子电流与旋转磁场相互作用将产生电磁力，该力在转子的轴上形成电磁转矩，且转矩的作用方向与旋转磁场的旋转方向相同，转子受此转矩作用，便按旋转磁场的旋转方向旋转起来（图7.0-1）。

维修图解

三相异步电机没有永磁铁，是利用电磁感应原理工作的，电生磁→磁生电→电磁力。

① 电生磁：三相对称绕组通往三相对称电流产生圆形旋转磁场。

② 磁生电：旋转磁场切割转子导体感应电动势和电流。

③ 电磁力：转子在磁场作用下受电磁力作用，形成电磁转矩，驱使电动机旋转，将电能转化为机械能。

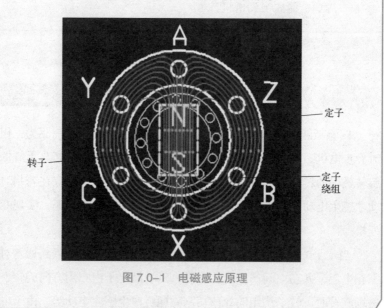

图 7.0-1　电磁感应原理

蔚来汽车异步电机采用的铜转子，见图7.0-2。奥迪e-tron异步电机采用的铝转子，见图7.0-3和图7.0-4。

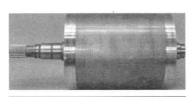

图 7.0-2　蔚来汽车异步电机采用的铜转子

图 7.0-3　异步电机转子和定子

图 7.0-4　奥迪 e-tron 搭载的双电机系统（使用的是异步电机）

三、什么是同步电机?

永磁同步电机在磁场发生改变的瞬间能够马上产生跟随的趋势以及力量。此电机组成部分中,定子为3相绕组,转子为永磁(图7.0-5)。

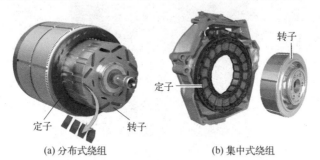

(a) 分布式绕组　　　　　　　　(b) 集中式绕组

图 7.0-5　永磁同步电机转子和定子

转子是类似多根条形磁铁组装而成的一个S、N极间隔的磁铁。线圈的磁场会因为断电而消失,但是转子却由磁性很强的磁铁组成,磁场并不会消失,因此它的磁场理论上可以长久存在,因此称为永磁。

线圈通电后,产生一个磁场,永磁转子相当于一个条形磁铁,根据同性相斥、异性相吸的原理,驱动转子转动(图7.0-6)。

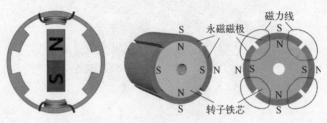

图 7.0-6　永磁同步电机原理

四、什么是 DC/AC？

DC/AC 是逆变器，在新能源汽车中的驱动电机控制器上使用，是直流变交流的转换器（DC/AC）。

新能源汽车的动力电池为直流电，但是驱动电机使用的是三相交流电，所以在向电机供电时，要将直流电转换为交流电，使用的这种转换装置就是 DC/AC 逆变器。

五、什么是 DC/DC？

DC/DC 变换器是直流转直流的降压变换器。

新能源汽车中，需要将动力电池的高压直流电转换为低压（12V）车载电源，用于车载电器设备。

例如大灯、音响、仪表显示、车机互联等低压电气系统使用的 12V 直流电，需要使用 DC/DC。

六、什么是 AC/DC？

新能源汽车制动或减速时，车轮带动电机旋转，此时驱动电机作为发电机使用，用于回收能量。

作为发电机使用时所输出的一定是交流电。但是需要将这些交流电储存到动力电池中，就必须将交流电转换为直流电。

这时就需要 AC/DC 变换器来完成交流转直流工作。

维修图解

　　能量回收：车辆在滑行或制动时，VCU通过状态数据采集，推算所需的制动转矩并发给电机控制器。此时电机从工作模式转换为发电模式向电池组充电。制动能量回收传递路线与能量消耗相反（图7.0-7）。

　　制动能量回收过程中电机消耗车轮旋转的动能发出交流电，再输出给电机控制器，电机控制器将交流电转换成直流电给动力电池充电。

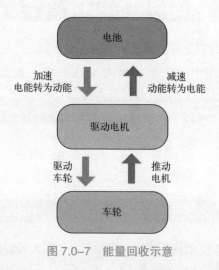

图 7.0-7　能量回收示意

七、什么是旋转变压器？

　　旋变传感器（7.0-8）其实就是旋转变压器。电机的转子轴端设置有4极对数磁阻式旋转变压器，用于监测电机转子的位置和转速，并将采集信号发送给电机控制器。

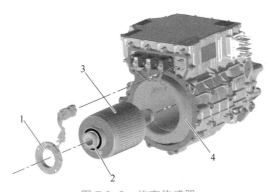

图 7.0-8　旋变传感器
1—旋变定子；2—旋变转子；3—电机转子；4—电机定子

旋变转子由多层冲压钢片叠制而成，通过平键槽与电机转子轴进行定位连接，旋转速度与电机转子轴一致。

维修图解

　　旋变定子通过螺栓安装在电机侧端盖上，内部具备 3 个感应线圈，分别为励磁线圈、正弦线圈和余弦线圈，正弦线圈与余弦线圈彼此相差 90° 电位角。在电机工作时，励磁线圈（R1/R2）被持续施加电压，产生磁场，正、余弦两个感应线圈将依据旋变转子和定子的位置关系，调制出正弦和余弦的输出信号（S1/S3，S2/S4），电机控制器接收信号后，解析出电机转子的位置和速度（图 7.0-9）。

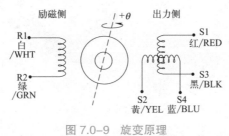

图 7.0-9　旋变原理

 八、什么是双向车载充电机？

把车辆外部充电设备输入的交流电转换成直流电并经调压以满足动力电池包充电的需求；

将电池包的高压直流电转换成交流电供负载设备使用，这就是双向使用。

维修图解

从交流充电口插上专门的插头，然后进行放电，这就是车外放电。

例如，比亚迪的车辆对负载放电连接装置（VTOL）：该装置由放电枪、排插、电缆及放电枪保护盖组成（图7.0-10）。

设备规格：额定220V，50Hz，16A/32A，即通过VTOL连接实现车外放电，最大放电功率为3.3kW/6.6kW。

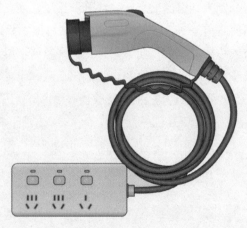

图7.0-10 车辆对负载放电连接装置（VTOL）

九、刀片电池有模组吗？

三元锂电池是目前最广泛地应用在汽车上的动力电池。三元锂电池，即三元聚合物锂电池，也就是三元材料电池，一般是指采用镍钴锰酸锂或镍钴铝酸锂三元正极材料的锂电池，把镍盐、钴盐、锰盐作为三种不同的成分比例进行不同的调整，所以称为"三元"。而刀片电池是磷酸铁锂电池的一种。

维修图解

刀片电池，顾名思义，是物理形态如刀片一样薄，在比亚迪车上广泛使用，它是磷酸铁锂电池的一种，刀片电池取消了传统的模组环节，电池组结构简化，通过改变动力电池总结构，长方形电池竖直排列插入动力电池总成，提高了空间利用率，在同样空间中能够装下更多的电芯，提高续航里程（图 7.0-11）。

图 7.0-11 取消了模组的刀片电池

参 考 文 献

[1] 郭建英．新能源汽车零部件识别与故障处理大全［M］．北京：化学工业出版社，2024.

[2] 曹晶．新能源汽车整车故障诊断教程［M］．北京：化学工业出版社，2023.

[3] 周晓飞．新能源汽车维修从入门到精通［M］．北京：化学工业出版社，2024.

[4] 曾小华，王庆年．新能源汽车关键技术［M］．2版．北京：化学工业出版社，2023.